JN020964

ワークシート版

中学校
3年分の英語が
教えられるほど
よくわかる

長沢寿夫
ながさわ としお

ベレ出版

はじめに

こんにちは。長沢寿夫です。

今回、私が一番伝えたかったことを英語の本にすることができました。

私が、英語ができなかったころ、どうしたら英語ができるようになるのかを毎日考えていました。

そんな頃、テレビでバレーボールの試合を見ていたとき、あることに気がついたのです。

私はずっとネットにさわったときの反則のことを「ネットタッチ」だと思っていたのですが、そのテレビの解説者が、「タッチネット」と言ったのです。

「タッチネット」、この一言が私の人生を変えてくれたと言っても言いすぎではないのです。

タッチ（さわる）**〈何に〉**ネットに

英語のしくみが、このようになっていることにあらためて気づいたのです。

それから、いろいろな日本文を英文に直してみました。すると、すべての**英文は「疑問が生まれるとそれに答える」のくり返し**でした。しかも、疑問が生まれるような単語を先に置くことにも気づきました。

これが**「英語はことばのキャッチボールだの法則」**を思いついたきっかけです。

この日をさかいに、英語にはいろいろな法則があることに気づきました。

実は、私たちは知らず知らずのうちに、いろいろな法則を無意識につくっていて、それに当てはめて理解していっているのです。この本をきっかけとして、ぜひ、英語に限らずすべての分野で法則をつくって能力を高めていってください。私が自信を持っておすすめする勉強法です。

この本は、前作『中学校 3 年分の英語が教えられるほどよくわかる』の、チェック＋練習問題編になっています。

問題集だと知識が得られないと思われてしまいますが、本書は、法則が前作と同じぐらい収録してあります。なので、前作の本をやらなくても、この本だけで文法的なことに関しては、子どもさんがテストで 100 点を取ることができると思います。

最後に私の好きなことばを贈ります

「喜びを持って勉強すれば喜びもまたきたる」

「独学には土曜も日曜もない」

長沢 寿夫

中学1年

中学2年

中学3年

本書の発音のよみがなについて

① 発音の表記で〔·〕が出てきたら、「のみこむように発音する」か「発音しない」ようにすると英語らしい発音になります。
(例) morning〔モーニン·〕 but〔バッ·〕

② 〔ス〕〔トゥ〕のような読みが出てきたときは、〔スー〕〔トゥー〕という発音にならないように、〔スッ〕〔トゥッ〕のような表記をしてあります。
(例) English〔イングリッシッ〕 night〔ナーィトゥッ〕

③ f と v の音については、f を〔フ〕、v を〔ヴ〕と表記しています。
(例) fresh〔フゥレッシッ〕 live〔リヴッ〕

④ l の音は〔ラ〕〔リ〕〔ル〕〔レ〕〔ロ〕、r の音は〔ゥラ〕〔ゥリ〕〔ゥル〕〔ゥレ〕〔ゥロ〕と表記しています。
(例) like〔ラーイク〕 write〔ゥラーィトゥッ〕

⑤ th の発音は〔ざ〕〔じ〕〔ず〕〔ぜ〕〔ぞ〕で表記しています。

⑥ m は〔ム〕または〔ン〕、n が単語の最後にくるときの音は〔ンヌ〕と表記しています。

本書の使い方

同じ種類のことばがいくつかきているとき、小さいものから大きいものに並べるカ、トンボ、ツバメの法則

中学英語の大切なところを全部法則にしてあります

(例題 1) 次の（　　　）に適当な前置詞を入れてください。

私は毎朝 6 時に起きます。

I get up (　　　　) six every morning.

私は東京の六本木ヒルズに住んでいます。

I live (　　　　) Roppongi Hills (　　　) Tokyo.

morning、evening、day などの名詞の前に this、every、yesterday、tomorrow などがくるときには前置詞をつけない法則

(例題 2) 次の（　　　）に適当な英語を入れてください。

私は毎朝 6 時に起きます。

I get up at six (　　　　) morning.

私は今朝 6 時に起きました。

I got up at six (　　　　) morning.

last（すぐ前の）、next（次の）が名詞の前にくるときは、the や前置詞をつけない法則

(例題 3) 次の（　　　）に適当な英語を入れてください。

また来年会いましょう。

Let's meet again (　　　　) year.

私は去年(きょねん)、丹波篠山(たんばささやま)にいました。

I was in Tamba-Sasayama (　　　　) year.

法則にのっとった(と)例題を解いてみましょう

副詞（つけ加えのことば）が 2 つきているときは、場所＋時の順番に並べる Come here now.（今ここに来て。）の法則

(例題 4) 次の（　　　）に適語を入れてください。

私はきのうそこにいましたよ。

I was (　　　　) (　　　　).

中学１年

同じ種類のことばがいくつかきているとき、（　　　）ものから（　　　）ものに並べる（　　　）、（　　　）、（　　　）の法則

解 答 例題１

私は毎朝６時に起きます。

I get up (at) six every morning.

私は東京の六本木ヒルズに住んでいます。

I live (at) Roppongi Hills (in) Tokyo.

morning、evening、day などの名詞の前に（　　　）、（　　　）、（　　　）、（　　　）などがくるときには（　　　）をつけない法則

解 答 例題２

私は毎朝６時に起きます。

I get up at six (every) morning.

私は今朝６時に起きました。

I got up at six (this) morning.

左のページの法則で覚えてほしいところをチェック

（　　　）（すぐ前の）、（　　　）（次の）が名詞の前にくるときは、the や前置詞をつけない法則

解 答 例題３

また来年会いましょう。

Let's meet again (next) year.

私は去年、丹波篠山にいました。

I was in Tamba-Sasayama (last) year.

左の例題の解答です

（　　　）（つけ加えのことば）が２つきているときは、（　　　）＋（　　　）の順番に並べる（　　　）（　　　）（　　　）.（今ここに来て。）の法則

解 答 例題４

私はきのうそこにいましたよ。

I was (there) (yesterday).

01 文のつくり方を覚えましょう

英語では、まず「だれがどうした」を言います。すると疑問が生まれます。そして、その疑問にこたえると英語の並べ方になる「英語はことばのキャッチボールだ」の法則

(例題 1) 上の法則を使って、次の（　　　）に適当な日本語を入れて、日本語を英語の並べ方にしてください。〈　　　〉には、どんな疑問が生まれるかが入ります。

私は　きのう　直美さんに　出会った。

（　　　）（　　　）〔誰がどうする〕をまず言う。

〈　　　〉〔疑問が生まれる〕

（　　　）〔その疑問にこたえる〕

〈　　　〉〔また疑問が生まれる〕

（　　　）〔その疑問にこたえる〕

この順番で日本語を英語の並べ方にできたことになる。

(例題 2) 次の（　　　）に適当な英語を入れて英文を完成させてください。
______ には、完成した英文を書いてください。

私は　きのう　直美さんに　出会った。

（　　　）（　　　）

〈だれに〉

（　　　）

〈いつ〉

（　　　）

（こたえ）

例題 1 の並べ方を英語にすると完全な英語になります。

英語では、まず「（　　　　）」を言います。すると（　　　　）が生まれます。そして、その（　　　　）にこたえると英語の並べ方になる「英語は（　　　　　　　　）」の法則

解 答 例題1

私は　きのう　直美さんに　出会った。
（私は）（出会った）
〈だれに〉
（直美さん）
〈いつ〉
（きのう）

解 答 例題2

私は　きのう　直美さんに　出会った。
（I）（met）
〈だれに〉
（Naomi）
〈いつ〉
（yesterday）

（こたえ）I met Naomi yesterday.

例題1　次の（　　　　）に適当な日本語を入れて、日本語を英語の並べ方にしてください。

私は　あの木　の下に　立っている　あの女性を　知っています。

〈　　　　〉には、どんな疑問が生まれるかが入ります。

（　　　　）（　　　　）

〈　　　　〉

（　　　　）（　　　　）

〈　　　　〉

（　　　　）

〈　　　　〉

（　　　　）

〈　　　　〉

（　　　　）（　　　　）

ここが大切

英語に直したい日本語をまずグループ分けします。
（例）
あの木
あの女性
グループ分けができたら、あとは〔だれがどうする〕をまず言います。すると疑問が生まれます。そして、その疑問にこたえます。
これをつづけていくと英語の並べ方の日本語ができます。

例題2　次の（　　　　）に適当な英語を入れて、英文を完成してください。
＿＿＿には、完成した英文を書いてください。

私は　あの木　の下に　立っている　あの女性を　知っています。

（　　　　）（　　　　）

〈　　　　〉

（　　　　）（　　　　）

〈　　　　〉

（　　　　）

〈　　　　〉

（　　　　）

〈　　　　〉

（　　　　）（　　　　）

（こたえ）

＿＿＿＿＿＿＿＿＿＿＿＿＿＿＿＿＿＿＿＿＿＿＿＿＿＿＿＿＿＿.

解 答 例題1

私は　あの木　の下に　立っている　あの女性を　知っています。

（私は）（知っている）
〈だれを〉
（あの）（女性）
〈何をしている〉
（立っている）
〈どこで〉
（下で）
〈何の〉
（あの）（木）

解 答 例題2

私は　あの木　の下に　立っている　あの女性を　知っています。
（ I ）（ know ）
〈だれを〉
（ that ）（ lady ）
〈何をしている〉
（ standing ）
〈どこで〉
（ under ）
〈何の〉
（ that ）（ tree ）

（こたえ）
I know that lady standing under that tree.

日本文を英語にするとき、2つのかたまりの意味のわかりにくい方を先に置くと疑問が生まれる。そしてそれにこたえると前置詞＋名詞になる法則

（例題） 次の（　　　）に並べる順番を書いてから、英語に直したこたえを ＿＿＿＿ に書いてください。

（ア）この机　　の上に　　　＿＿＿＿＿＿＿＿＿＿
　　（　　）（　　）

（イ）この机　　の中に　　　＿＿＿＿＿＿＿＿＿＿
　　（　　）（　　）

（ウ）この机　　の下に　　　＿＿＿＿＿＿＿＿＿＿
　　（　　）（　　）

（エ）この机　　のそばに　　＿＿＿＿＿＿＿＿＿＿
　　（　　）（　　）

（オ）東京タワー　の近くに　＿＿＿＿＿＿＿＿＿＿
　　（　　）（　　）

（カ）あなた　　よりも　　　＿＿＿＿＿＿＿＿＿＿
　　（　　）（　　）

（キ）あなた　　によって　　＿＿＿＿＿＿＿＿＿＿
　　（　　）（　　）

日本文を英語にするとき、２つのかたまりの意味の（　　　　）方を（　　　　）に置くと（　　　　）が生まれる。そしてそれに（　　　　）と（　　　　）＋（　　　　）になる法則

解答

（ア）この机（２）　の上に（１）　on this desk

（イ）この机（２）　の中に（１）　in this desk

（ウ）この机（２）　の下に（１）　under this desk

（エ）この机（２）　のそばに（１）　by this desk

（オ）東京タワー（２）　の近くに（１）　near Tokyo Tower

（カ）あなた（２）　よりも（１）　than you

（キ）あなた（２）　によって（１）　by you

「～に」と言いたいとき、特定の日や朝、昼、夜をあらわすときは、on を使う法則

例題1 次の（　　）に適当な英語を入れてください。

月曜日に　（　　）（　　）
クリスマスの日に　（　　）（　　）（　　）
ある晴れた日に　（　　）（　　）（　　）（　　）
6月9日に　（　　）（　　）the（　　）

「どこどこに住んでいる」の「～に」をあらわすときは、一地点ならば at、広い場所なら in、特定の通りをあらわしているときは on のように使い分ける法則

例題2 次の（　　）に適当な英語を入れてください。

丹波篠山（たんばささやま）に住んでいる　live（　）Tamba-Sasayama
49番地に住んでいる　live（　）49
青山通りに住んでいる　live（　）Aoyama Street

「～に」と言いたいとき、建物の場合は、「一地点」と考えれば at、「～の中に」の意味であれば in、都市をあらわしているときも、広い場所と考えるときは in、一地点と考えるときは at を使う法則

例題3 次の（　　）に適当な英語を入れてください。

大阪駅で集まろう。　Let's meet（　　）Osaka Station.
大阪駅で買い物をしよう。　Let's shop（　　）Osaka Station.
私は大阪に住んでいます。　I live（　　）Osaka.
私は大阪に寄った。　I stopped（　　）Osaka.

「〜に」と言いたいとき、（　　　　）の日や朝、（　　　　）、夜をあらわすときは、（　　　　）を使う法則

解 答 例題１

月曜日に	(on) (Monday)
クリスマスの日に	(on) (Christmas) (day)
ある晴れた日に	(on) (a) (nice) (day)
6月9日に	(on) (June) the (ninth)

「どこどこに住んでいる」の「〜に」をあらわすときは、（　　　　）ならば（　　　　）、（　　　　）場所なら（　　　　）、（　　　　）通りをあらわしているときは（　　　　）のように使い分ける法則

解 答 例題２

丹波篠山に住んでいる	live (in) Tamba-Sasayama
49番地に住んでいる	live (at) 49
青山通りに住んでいる	live (on) Aoyama Street

「〜に」と言いたいとき、建物の場合は、「（　　　　）」と考えれば（　　　　）、「〜の中に」の意味であれば（　　　　）、都市をあらわしているときも、（　　　　）場所と考えるときは（　　　　）、一地点と考えるときは at を使う法則

解 答 例題３

大阪駅で集まろう。	Let's meet (at) Osaka Station.
大阪駅で買い物をしよう。	Let's shop (in) Osaka Station.
私は大阪に住んでいます。	I live (in) Osaka.
私は大阪に寄った。	I stopped (at) Osaka.

同じ種類のことばがいくつかきているとき、小さいものから大きいものに並べるカ、トンボ、ツバメの法則

例題 1 次の（　　　　）に適当な前置詞を入れてください。

私は毎朝 6 時に起きます。

I get up (　　　　) six every morning.

私は東京の六本木ヒルズに住んでいます。

I live (　　　　) Roppongi Hills (　　　　) Tokyo.

morning、evening、day などの名詞の前に this、every、yesterday、tomorrow などがくるときには前置詞をつけない法則

例題 2 次の（　　　　）に適当な英語を入れてください。

私は毎朝 6 時に起きます。

I get up at six (　　　　) morning.

私は今朝 6 時に起きました。

I got up at six (　　　　) morning.

last（すぐ前の）、next（次の）が名詞の前にくるときは、the や前置詞をつけない法則

例題 3 次の（　　　　）に適当な英語を入れてください。

また来年会いましょう。

Let's meet again (　　　　) year.

私は去年（きょねん）、丹波篠山（たんばささやま）にいました。

I was in Tamba-Sasayama (　　　　) year.

副詞（つけ加えのことば）が 2 つきているときは、場所＋時の順番に並べる Come here now.（今ここに来て。）の法則

例題 4 次の（　　　　）に適語を入れてください。

私はきのうそこにいましたよ。

I was (　　　　) (　　　　).

同じ種類のことばがいくつかきているとき、（　　　）ものから（　　　）ものに並べる（　　　）、（　　　）、（　　　）の法則

解 答 例題1

私は毎朝6時に起きます。

I get up (at) six every morning.

私は東京の六本木ヒルズに住んでいます。

I live (at) Roppongi Hills (in) Tokyo.

morning、evening、day などの名詞の前に（　　　）、（　　　）、（　　　）、（　　　）などがくるときには（　　　）をつけない法則

解 答 例題2

私は毎朝6時に起きます。

I get up at six (every) morning.

私は今朝6時に起きました。

I got up at six (this) morning.

（　　　）（すぐ前の）、（　　　）（次の）が名詞の前にくるときは、the や前置詞をつけない法則

解 答 例題3

また来年会いましょう。

Let's meet again (next) year.

私は去年、丹波篠山にいました。

I was in Tamba-Sasayama (last) year.

（　　　）（つけ加えのことば）が2つきているときは、（　　　）＋（　　　）の順番に並べる（　　　）（　　　）（　　　）.（今ここに来て。）の法則

解 答 例題4

私はきのうそこにいましたよ。

I was (there) (yesterday).

練習問題

〔1〕次の日本語を英語に直すとき、前置詞が必要なものと必要ないものがあります。
この点に注意して英語に直してください。

(1) 4月1日に　(　　　　)
(2) 6時に　(　　　　)
(3) 午前中に　(　　　　)
(4) ここに　(　　　　)
(5) そこに　(　　　　)
(6) 来週の金曜日に　(　　　　)
(7) 金曜日に　(　　　　)
(8) 毎週金曜日に　(①　　　　②　　　　)
(9) 先週の金曜日に　(　　　　)
(10) 夜に　(　　　　)
(11) 夕方に　(　　　　)
(12) どこに　(　　　　)

解答と解説

(1) on April (the) first　(2) at six　(3) in the morning
(4) here　(5) there　(6) next Friday　(7) on Friday
(8) ① every Friday　② on Fridays　(9) last Friday
(10) at night　(11) in the evening　(12) where

＊ here（ここに）と there（そこに）、where（どこに、どこへ）は、「に」や「へ」が含（ふく）まれているので、前置詞を使うことはできません。

every（毎）、last（すぐ前の）、next（次の）の次に名詞がくる場合は、前置詞をつけない法則

＊毎週金曜日に、は every Friday と on Fridays の 2 種類の言い方ができます。

〔２〕次の英語を並びかえて、正しい英文にしてください。

（１）〔now/come/here〕.

____

（２）〔met/Tony/yesterday/here/I〕.

____

（３）〔boy/standing/tree/that/I/know/that/under〕.

____

（４）〔up/got/six/at/morning/this/I〕.

____

解答と解説

英単語を並べかえて正しい英文にするときに、注意することがあります。

まず、くっつきやすい単語同士の意味をよく考えて１つのかたまりにしてください。次に「英語はキャッチボールだ」の法則を使って並べかえます。

それでは、ひとつひとつ考えてみます。

（１）Come here now.

これは Come here now. の法則のままなので、すぐにわかったと思います。

「ここに」「今」のようなおまけのはたらきをする（副詞）が２つきている時、場所＋時の順番に並べると決まっています。

（２）I met Tony here yesterday.

これも、here（ここに）、yesterday（きのう）という副詞がきているので、場所＋時の順番に並べます。

（３）I know that boy standing under that tree.

私はあの木の下に立っているあの少年を知っています。という意味であるということがわかったら、「英語はことばのキャッチボールだ」の法則を使って並べれば正しいこたえを導き出すことができます。

この法則を使う前に、あの少年（that boy），あの木（that tree）のようなかたまりを先にくっつけておくことが大切です。

（４）I got up at six this morning.

まず、got up（起きた）、at six（６時に）、this morning（今朝）のよ

うにかたまりを見つけておきます。次に「カ、トンボ、ツバメの法則」を使って、小さいものから大きいものの順番に並べます。

〔3〕次の英語はどこか1か所まちがっているところがあります。正しい英語に書き直してください。

（1）I live at Osaka.

____

（2）I live in Aoyama Street.

____

（3）I live on 10.

____

解答と解説

（1）I live in Osaka.

at はせまい一地点をあらわしているので、大阪は広い場所なので、at を in に書きかえます。

（2）I live on Aoyama Street.

特定の通りに面して、という意味なので、in ではなく on に書きかえます。

（3）I live at 10.

「私は10番地に住んでいます。」という意味なので、一地点をあらわす at を使って書きかえます。

＊この3つの使い分けは at、in、on の使い分けの法則を使って解くことができます。

〔4〕次の（　　　）に正しい前置詞を入れてください。

（1）ある晴れた日に　（　　　）a nice day

（2）4月1日に　（　　　）April (the) first

（3）午前中に　（　　　）the morning

（4）春に　（　　　）spring

（5）正午に　（　　　）noon

解 答 と 解 説

（１）on　（２）on　（３）in　（４）in　（５）at

（１）と（２）は、

「～に」と言いたいとき、特定の日、朝、昼、夜をあらわすときは、on を使う法則

（３）（４）（５）は、

「～に」をあらわすとき、一地点ならば at、長い時間または期間は in を使う法則

を使うと解けます。

ここが大切

1. 前置詞とは、名詞の前に置くことばと覚えておくとよい。このように考えると
   この机　　の上に
   名詞　　on＝［前置詞］
   の場合だと、前置詞＋名詞にすればよいことがわかり、on this desk となることがわかります。

2.「～に」をあらわす前置詞には、at、on、in があります。この使い分けは、一地点をあらわす at、特定の通りをあらわす on、「～の中に」をあわらす in と考えてください。
   このことから、
   at Osaka Station　（大阪駅で）
   on Aoyama Street（青山通りで）
   in Osaka Station　（大阪駅（の中）で）
   のように使い分けることができます。

3. 時をあらわす at、on、in に関しては、一時点をあらわす at、特定の日をあらわす on、長い時間、または期間は in のように使い分けます。

02 数えられる名詞と数えられない名詞を覚えよう

数えることができる名詞の最後に s または es をつけると 2 つ以上をあらわす法則

例題 1 次の（　　　　）に適語を入れてください。

私はネコが好きです。

I like (　　　　　).

スライスして食べるものには s または es をつけず、丸ごと食べられるときは、s〔es〕をつける法則

例題 2 次の（　　　　）に適語を入れてください。

私はスイカが好きです。

《ヒント》スイカ　watermelon〔ウォータァ メランヌ〕

I like (　　　　　).

ニワトリは必ず肉として食べるので s をつけず、2 羽のニワトリならば s をつける法則

例題 3 次の（　　　　）に適語を入れてください。

私は私の農場では、10 羽のニワトリを飼（か）っています。

《ヒント》ニワトリ　chicken〔チキンヌ〕

I keep ten (　　　　　) on my farm.

私はニワトリの肉が好きです。

I like (　　　　　).

like の次に数えられない名詞、たとえば、野球、テニス、英語、音楽や液体のように数える必要がない英単語には s をつけなくてもよい法則

例題 4 次の（　　　　）に適語を入れてください。

私はミルクが好きです。

I like (　　　　　).

(　　　　)ことができる名詞の最後に s または es をつけると(　　　　)以上をあらわす法則

解 答 (例題1)

私はネコが好きです。

I like (cats).

(　　　　)して食べるものには(　　　　)または(　　　　)をつけず、(　　　　)食べられるときは、s〔es〕をつける法則

解 答 (例題2)

私はスイカが好きです。

I like (watermelon).

ニワトリは必ず肉として食べるので(　　　　)をつけず、2羽のニワトリならば(　　　　)をつける法則

解 答 (例題3)

私は私の農場では、10羽のニワトリを飼(か)っています。

I keep ten (chickens) on my farm.

私はニワトリの肉が好きです。

I like (chicken).

like の次に数えられない名詞、たとえば、野球、テニス、英語、音楽や(　　　　)のように数える必要がない英単語には(　　　　)をつけなくてもよい法則

解 答 (例題4)

私はミルクが好きです。

I like (milk).

練習問題

〔1〕次の名詞が数えられる名詞のときは○、数えられない名詞には×をつけてください。

（1）ミルク　（　　　）
（2）英語　（　　　）
（3）テニス　（　　　）
（4）音楽　（　　　）
（5）ネコ　（　　　）
（6）本　（　　　）

解答と解説
（1）×　（2）×　（3）×
（4）×　（5）○　（6）○
（1）から（4）は、

like の次に数えられない名詞、たとえば、野球、テニス、英語、音楽や液体のように、数える必要がない英単語には s をつけなくてもよい法則

を使って解きます。

〔2〕次の（　　　）に適語を入れてください。

（1）私はリンゴが好きです。
I like (　　　).
（2）私はスイカが好きです。
I like (　　　).
（3）私はフライドチキンが好きです。
I like fried (　　　).
（4）私は 2 羽のニワトリを飼っています。
I have two (　　　).

解答と解説

（1）apples　（2）watermelon　（3）chicken　（4）chickens

（1）と（2）は、

スライスして食べるものには、s または es をつけず、丸ごと食べられるときは、s [es] をつける法則

を使って解きます。

（3）と（4）は、

ニワトリは必ず肉として食べるので s をつけず、2 羽のニワトリならば s をつける法則

を使って解きます。

ここが大切

数えられる名詞と数えられない名詞は次のように考えてください。

1. たまごを例にとると、
   1 個のたまごをイメージすると an egg
   液体のようになったたまごだと egg
2. かみの毛を例にとると、
   1 本のかみの毛をイメージすると a hair
   数える必要のないかみの毛 は hair
3. レモンを例にとると、
   1 個をイメージすると a lemon
   スライスされたレモンをイメージすると lemon
4. ニワトリを例にとると、
   ニワトリをイメージすると a chicken
   スライスされたニワトリの肉は chicken

03 冠詞（a）と定冠詞（the）の使い方を覚えよう

どこにでもある または いる は、a または an、1 つしかない、または 1 人しかいないときは the の法則

例題 1　次の（　　　　）に適語を入れてください。

（1）私はこの学校の教師です。

I am (　　　　　) teacher at this school.

（2）私はこの学校の校長です。

《ヒント》校長　principal〔プゥリンスィポー〕

I am (　　　　　) principal of this school.

「この学校にいる」という意味の、「この学校の」をあらわすとき、1 人しかいない the ＋ 名詞で使うときは所有の of、たくさんいる中の 1 人をあらわす a ＋ 名詞で使うときは、一地点の at の法則

例題 2　次の（　　　　）に適語を入れてください。

（1）私はこの学校の教師です。

I am a teacher (　　　　　) this school.

（2）私はこの学校の校長です。

I am the principal (　　　　　) this school.

相手に、だれか または 何か がわかるときは a なし、わからないときは a ＋名詞の法則

例題 3　次の（　　　　）に a が必要なときは a を、必要がなければ×を書いてください。

（1）和田さんという女性があなたに会いに来られましたよ。

(　　　　　) Ms.Wada came to see you.

（2）和田薫さんがあなたに会いに来られましたよ。

(　　　　　) Ms.Wada Kaoru came to see you.

（　　　　）ある、または（　　　　）は、a または an、（　　　　）しかない、または（　　　　）しかいないときは（　　　　）の法則

解 答 例題１

（１）私はこの学校の教師です。

I am (a) teacher at this school.

（２）私はこの学校の校長です。

I am (the) principal of this school.

「この学校にいる」という意味の、「この学校の」をあらわすとき、（　　　　）いない（　　　　）＋名詞で使うときは所有の（　　　　）、たくさんいる中の１人をあらわす（　　　　）＋名詞で使うときは、一地点の（　　　　）の法則

解 答 例題２

（１）私はこの学校の教師です。

I am a teacher (at) this school.

（２）私はこの学校の校長です。

I am the principal (of) this school.

相手に、（　　　　）または 何か がわかるときは（　　　　）なし、わからないときは（　　　　）＋名詞の法則

解 答 例題３

（１）和田さんという女性があなたに会いに来られましたよ。

(A) Ms. Wada came to see you.

（２）和田薫さんがあなたに会いに来られましたよ。

(×) Ms.Wada Kaoru came to see you.

母音〔ア、イ、ウ、エ、オ〕の前なら an、そうでなければ a の法則

例題 1　次の（　　　）に a または an を入れてください。

（1）これはリンゴです。　This is (　　　　) apple.
（2）これはたまごです。　This is (　　　　) egg.
（3）これは古いたまごです。　This is (　　　　) old egg.

the の読み方には 2 種類あり、ふつうは〔ざ〕、母音の前なら〔ずィ〕の法則

例題 2　次の（　　　）に〔ざ〕または〔ずィ〕を入れてください。

《ヒント》sun〔サンヌ〕　earth〔ア～すッ〕　year〔いャア〕　eraser〔イゥ レーィ サア〕

太陽　the sun　〔(　　　　)サンヌ〕
地球　the earth　〔(　　　　)ア～すッ〕
その年　the year　〔(　　　　)いャア〕
その消しゴム　the eraser　〔(　　　　)イゥ レーィ サア〕

a の読み方には 2 種類あり、英文をふつうに読むと〔ア〕、英文を 1 語 1 語ていねいに読むと〔エーィ〕の法則

例題 3　次の英語を、ふつうに読むときと、ていねいに読むときの読み方をこたえてください。

〔ふつうの読み方〕a book　〔(　　　　)ブックッ〕
〔ていねいな読み方〕a book　〔(　　　　)ブックッ〕

母音〔(　　　　)、(　　　　)、(　　　　)、(　　　　)、(　　　　)〕の前なら(　　　　)、そうでなければ(　　　　)の法則

解 答 例題1

(1) This is (an) apple.
(2) This is (an) egg.
(3) This is (an) old egg.

the の読み方には2種類あり、ふつうは〔(　　　　)〕、(　　　　)の前なら〔(　　　　)〕の法則

解 答 例題2

太陽	the sun〔(ざ)サンヌ〕
地球	the earth〔(ずィ)ア～すッ〕
その年	the year〔(ざ)いャァ〕
その消しゴム	the eraser〔(ずィ)イゥ レーィサァ〕

a の読み方には2種類あり、英文をふつうに読むと〔(　　　　)〕、英文を1語1語ていねいに読むと〔(　　　　)〕の法則

解 答 例題3

〔ふつうの読み方〕　a book〔(ア) ブックッ〕
〔ていねいな読む方〕　a book〔(エーィ) ブックッ〕

練習問題

〔1〕次の（　　　）に a、an、the の中から 1 つ選んで書いてください。

（1）私はこの学校の英語の教師です。

I am (　　　　) English teacher at this school.

（2）私はこの学校の校長です。

I am (　　　　) principal of this school.

（3）私は校長をしています。

I am (　　　　) principal.

（4）私は音楽の教師をしています。

I am (　　　　) music teacher.

解答と解説

（1）an　（2）the　（3）a　（4）a

どこにでもある　または　いる　は a または an、1 つしかない、または 1 人しかいないときは the の法則

を使うと解けます。

〔2〕次の（　　　）に a がいる場合は、a、入らない場合には、×を書いてください。

（1）辻さんという人からあなたに電話がかかっていますよ。

(　　　　) Mr. Tsuji wants you on the phone.

（2）辻和良さんからあなたに電話がかかっていますよ。

(　　　　) Mr. Tsuji Kazuyoshi wants you on the phone.

解答と解説

（1）A　（2）×

相手に　だれか　または　何か　がわかるときは a なし、わからないときは a ＋名詞の法則

を使うと解けます。

〔3〕次の the の読み方を〔ざ〕 または 〔ずィ〕のどちらかを選び、〔 〕に書いてください。

(1) the year 〔 〕〔いャア〕

(2) the egg 〔 〕〔エッグッ〕

解答と解説

(1) ざ　(2) ずィ

theの読み方には2種類あり、ふつうは〔ざ〕、母音の前なら〔ずィ〕の法則

を使うと解けます。

(注意) year〔いャア〕は y の音なので〔ざ〕、ear〔イアァ〕なら〔ずィ〕と読みます。

ここが大切

a/an と the をつけるかつけないかをまよったときは、

1. たくさんの中の1つなら a または an
2. 1 つしかない、ということを言いたいときは the
   (例) 月　the moon
3. 話し手とあなたがどれをさしているかがわかっているときは the
   (例) 窓があいているよ。　The window is open.
4. 相手にとって、はじめてのときは a、2 回目から the

5. 人の名前の場合は次のように考えます。
   「辻さん」と私が呼びかけたとき、1 人が「はい」とこたえたときは Tsuji、
   2 人が「はい」とこたえたら two Tsujis となります。
   「辻さんという人が来られましたよ。」のようにどこの辻さんかわからないときは
   A Mr. [Ms.] Tsuji

04 be 動詞の使い方を覚えよう

日本文の主語の次に動詞がきていない場合、I am、You are、それ以外の 1 人なら is、2 人以上なら are の法則

(例題 1) 次の（　）に is、am、are の中から、1 つ選んで書いてください。

私はいそがしい。　I (　　　) busy.
あなたはいそがしい。　You (　　　) busy.
私の父はいそがしい。　My father (　　　) busy.
私たちはいそがしい。　We (　　　) busy.

日本文を英文に言いかえるとき、動詞がないときは be 動詞を主語の次に置いて、動詞があるときは、主語の次に動詞を置く法則

(例題 2) 次の（　　）に適当な単語を入れてください。

私は歩く。　I (　　　).
私は歩いています。　I (　　　) walking.

日本文にウ段で終わる動詞があるときは、英文でも動作、状態が続く英語の動詞を使う法則

(例題 3) 次の（　　）に適語を入れてください。

私はあの少年を知っています。　I (　　　) that boy.
私は車を 1 台もっています。　I (　　　) a car.
私は走っています。　I (　　　) running.

過去のことをあらわしたいときは、am と is を was、are を were にすればよい法則

(例題 4) 次の（　　）に適語を入れてください。

私はいそがしかった。　I (　　　) busy.
あなたはいそがしかった。　You (　　　) busy.
私たちはいそがしかった。　We (　　　) busy.

日本文の主語の次に動詞がきていない場合、I（　　　）、You（　　　）、それ以外の１人なら（　　　）、２人以上なら（　　　）の法則

解 答 例題１

私はいそがしい。	I (am) busy.
あなたはいそがしい。	You (are) busy.
私の父はいそがしい。	My father (is) busy.
私たちはいそがしい。	We (are) busy.

日本文を英文に言いかえるとき、（　　　）がないときは（　　　）動詞を主語の次に置いて、（　　　）があるときは、主語の次に（　　　）を置く法則

解 答 例題２

私は歩く。	I (walk).
私は歩いています。	I (am) walking.

日本文に（　　　）で終わる（　　　）があるときは、英文でも動作、状態が続く英語の（　　　）を使う法則

解 答 例題３

私はあの少年を知っています。	I (know) that boy.
私は車を１台もっています。	I (have) a car.
私は走っています。	I (am) running.

過去のことをあらわしたいときは、（　　　）と（　　　）を（　　　）、are を（　　　）にすればよい法則

解 答 例題４

私はいそがしかった。	I (was) busy.
あなたはいそがしかった。	You (were) busy.
私たちはいそがしかった。	We (were) busy.

練習問題

〔1〕次の（　　　）に適当な be 動詞を入れてください。

（1）私はいそがしい。
I (　　　　) busy.

（2）私はきのういそがしかった。
I (　　　　) busy yesterday.

（3）あなたは毎日いそがしい。
You (　　　　) busy every day.

（4）あなたはきのういそがしかった。
You (　　　　) busy yesterday.

（5）あなたと私はいそがしい。
You and I (　　　　) busy.

（6）私の父はいそがしい。
My father (　　　　) busy.

（7）私の兄弟たちはいそがしい。
My brothers (　　　　) busy.

解答と解説

（1）am　（2）was　（3）are　（4）were
（5）are　（6）is　（7）are

（1）（3）（5）（6）（7）は、

主語の次に動詞がきていない場合、I am、You are、1 人 is、2 人以上 are の法則

を使えば解けます。

（2）（4）は、

過去のことをあらわしたいときは、am と is を was、are を were にすればよい法則

を使えば解けます。

〔2〕次の日本語を英語に直してください。

（1）私は酒井直美さんを知っています。

（　　　　　　　　　　　　　　　　　　　　）

（2）私はイヌを1ぴき飼(か)っています。

（　　　　　　　　　　　　　　　　　　　　）

（3）私は毎日走ります。

（　　　　　　　　　　　　　　　　　　　　）

（4）トニーは走っています。　〔一時的な状態〕

（　　　　　　　　　　　　　　　　　　　　）

解答と解説

（1）I know Sakai Naomi.　　（2）I have a dog.

（3）I run every day.　　（4）Tony is running.

（1）～（3）は、次の法則を使えば解けます。

日本文にウ段で終わる動詞があるときは、英文でも動作、状態が続く英語の動詞を使う法則

ここが大切

1. is、am、are の使い分けは、1人なら is、2人以上なら are がルール。
   I am、あなたは you are は例外です。
   was と were の区別の仕方は、w が過去をあらわします。
   w のあとには現在形のよく似た単語で判断します。
   （例）are は were　　am + is = was
2. 動詞には、動作と状態があります。
   動作は体の一部が動くことです。
   動作が連続すると状態になります。
   動作をあらわす動詞に ing をつけると、状態をあらわす形容詞になります。
   このようなときは、be 動詞+～ ing であらわします。
3. 同じ動詞が動作と状態をあらわすときがあります。
   （例）私は英語を話す。　　I speak English.〔習慣〕
   　　英語を話しなさい。　　Speak English.〔動作〕

05 疑問文と否定文のつくり方を勉強しよう

主語の次に be 動詞がないときは、必ず動詞がくる法則

例題 1 次の（　　　）に適語を入れてください。

私はしあわせです。　I（　　　　）happy.
私は毎日走ります。　I（　　　　）every day.

be 動詞の is があるか動詞に s がついているときは、必ず主語が 1 人である法則

例題 2 次の（　　　）に適語を入れてください。

私の父は散歩します。　My father（　　　　）.
私の父はいそがしい。　My father（　　　　）busy.

be 動詞の am、are がくるときと、動詞に s がついていないときは主語は I、you または 2 人以上 である法則

例題 3 次の（　　　）に適語を入れてください。

私たちは散歩します。　We（　　　　）.
私たちはいそがしい。　We（　　　　）busy.

英文は be 動詞タイプと動詞タイプに分かれる法則

例題 4 次の（　）には適語を、〔　〕には、何タイプかを入れてください。

私はいそがしい。　I（　　　　）busy.　〔　　　　タイプ〕
私は散歩します。　I（　　　　）.　〔　　　　タイプ〕

日本文の中に動詞（体の一部が動いて最後がウの段で終わるもの）があるときは、動詞タイプである法則

例題 5 次の（　　　）に、日本語にあたるローマ字を入れて、ウの段で終わっているかを理解してください。〔　　　〕には、どこが動くかを書いてください。

食べる（　　　　）〔　　　　〕
走る　（　　　　）〔　　　　〕

主語の次に（　　　　）がないときは、必ず（　　　　）がくる法則

解 答 （例題1）

私はしあわせです。　　I (am) happy.
私は毎日走ります。　　I (run) every day.

be動詞の（　　　　）があるか動詞に（　　　　）がついているときは、必ず主語が（　　　　）である法則

解 答 （例題2）

私の父は散歩します。　　My father (walks).
私の父はいそがしい。　　My father (is) busy.

be動詞の（　　　）、areがくるときと、動詞にsがついていないときは主語は（　　　）、you または（　　　）以上 である法則

解 答 （例題3）

私たちは散歩します。　　We (walk).
私たちはいそがしい。　　We (are) busy.

英文は（　　　　）タイプと（　　　　）タイプに分かれる法則

解 答 （例題4）

私はいそがしい。　　I (am) busy.　〔be動詞タイプ〕
私は散歩します。　　I (walk).　〔動詞タイプ〕

日本文の中に動詞（体の（　　　）が（　　　）いて最後が（　　　）の段で終わるもの）があるときは、（　　　）タイプである法則

解 答 （例題5）

食べる　（taberu）　〔口が動く〕
走る　（hashiru）　〔足が動く〕

主語と動詞の間にきている単語があれば、それは助動詞だの法則

例題1 次の（　　　）の中に、助動詞にあたる単語を入れてください。

私は泳ぐことができる。　I (　　　) swim.

（1）（2）not ＋動詞は、否定文（2）（1）＋動詞？ は疑問文だの法則

例題2 次の英語を否定文と疑問文にしてください。

あなたは泳ぐことができる。　You can swim.
（1）（2）

①あなたは泳げません。（　　　　　　　　　　）

②あなたは泳げますか。（　　　　　　　　　　）

（1）（2）not の（1）のところに主語、（2）のところに be 動詞があるとき、（2）（1）の順番に並べて not を消すと疑問文になる法則

例題3 次の英語を否定文と疑問文にしてください。

あなたはいそがしい。　You are busy.
（1）（2）

①あなたはいそがしくない。（　　　　　　　　　　）

②あなたはいそがしいですか。（　　　　　　　　　　）

（1）（2）not の（1）のところに You、（2）のところに be 動詞がないときは、do を入れると否定文になる法則

例題4 次の英語を否定文にしてください。

あなたは勉強します。You　be 動詞がない　study.
（1）（2）

あなたは勉強しません。（　　　　　　　　　　）

主語と動詞の間にきている単語があれば、それは（　　　　）だの法則

解 答 例題1

私は泳ぐことができる。　I (can) swim.

（　　）（　　）not ＋動詞は、（　　　）（　　）（　　）＋動詞？ は（　　　）だの法則

解 答 例題2

あなたは泳ぐことができる。　You can swim.

（1）（2）

①あなたは泳げません。　(You can not swim.)

②あなたは泳げますか。　(Can you swim?)

（1）（2）not の（1）のところに（　　　）、（2）のところに（　　　）があるとき、（　　　）（1）の順番に並べて（　　　）を消すと（　　　）になる法則

解 答 例題3

あなたはいそがしい。　You are busy.

（1）（2）

①あなたはいそがしくない。　(You are not busy.)

②あなたはいそがしいですか。　(Are you busy?)

（1）（2）not の（　　　）のところに You、（　　　）のところに be 動詞が（　　　）ときは、（　　　）を入れると否定文になる法則

解 答 例題4

あなたは勉強します。You　be 動詞がない study.

（1）（2）

あなたは勉強しません。　(You do not study.)

（1）（2）not の（1）のところに主語、（2）のところに do または does があるとき、（2）（1）の順番に並べて not を消すと疑問文になる法則

（例題 1） 次の英文を疑問文にしてください。

①あなたは勉強しません。　You do not study.
　　　　　　　　　　　　　（1）（2）
　あなたは勉強しますか。　（　　　　　　　　　　）

②トニーは勉強しません。　Tony does not study.
　　　　　　　　　　　　　（1）　（2）
　トニーは勉強しますか。　（　　　　　　　　　　）

疑問文の場合、主語が 1 人のとき、be 動詞タイプでは、is からはじめ、動詞タイプでは、does からはじめて動詞の原形（動詞の s のない形）にする法則

（例題 2） 次の英文を疑問文にしてください。

①トニーはいそがしい。　Tony is busy.
　トニーはいそがしいですか。　（　　　　　　　　　　）

②トニーは散歩します。　Tony walks.
　トニーは散歩しますか。　（　　　　　　　　　　）

疑問文の場合、主語が you または 2 人以上のとき、be 動詞タイプでは Are、動詞タイプでは Do からはじめる法則

（例題 3） 次の英文を疑問文にしてください。

①あなたはいそがしい。　You are busy.
　あなたはいそがしいですか。　（　　　　　　　　　　）

②あなたは散歩します。　You walk.
　あなたは散歩しますか。　（　　　　　　　　　　）

（1）（2）not の（1）のところに（　　　　　）、（2）のところに（　　　　　）または（　　　　　）があるとき、（　　　）（　　　）の順番に並べて not を消すと疑問文になる法則

解答 例題1

①あなたは勉強しません。　You do not study.
（1）（2）
あなたは勉強しますか。　(Do you study?)

②トニーは勉強しません。　Tony does not study.
（1）（2）
トニーは勉強しますか。　(Does Tony study?)

疑問文の場合、主語が（　　　　　）のとき、be 動詞タイプでは、（　　　　　）からはじめ、動詞タイプでは、（　　　　　）からはじめて動詞の（　　　　　）（動詞の s のない形）にする法則

解答 例題2

①トニーはいそがしい。　Tony is busy.
トニーはいそがしいですか。　(Is Tony busy?)

②トニーは散歩します。　Tony walks.
トニーは散歩しますか。　(Does Tony walk?)

疑問文の場合、主語が（　　　　　）または（　　　　　）のとき、be 動詞タイプでは（　　　　　）、動詞タイプでは（　　　　　）からはじめる法則

解答 例題3

①あなたはいそがしい。　You are busy.
あなたはいそがしいですか。　(Are you busy?)

②あなたは散歩します。　You walk.
あなたは散歩しますか。　(Do you walk?)

You swim. = You do swim.
Tony swims. = Tony does swim. は、（1）（2）＋動詞なので、否定文と疑問文がかんたんにつくれる法則

例題 1　次の（　　　）に適語を入れて、ほとんど同じ意味にしてください。
次に否定文を最後に疑問文にしてください。

あなたは泳ぐ。　You swim. = You (　　　) swim.
あなたは泳がない。　否定文 (　　　　　　　　　　)
あなたは泳ぎますか。　疑問文 (　　　　　　　　　　)
トニーは泳ぐ。　Tony swims. = Tony (　　　) swim.
トニーは泳がない。　否定文 (　　　　　　　　　　)
トニーは泳ぎますか。　疑問文 (　　　　　　　　　　)

do と does は、「〜するというのは本当ですよ」または「本当に〜する」の法則

例題 2　次の（　　　）に適語を入れてください。
私は本当に泳ぎたいのですが、私はいそがしすぎて無理なんです。
I (　　　) want to swim, but I'm too busy.

《語句のヒント》want to〔ワン・チュ〕〜したい　swim〔スウィムッ〕泳ぐ　but〔バッ・〕しかし　too〔チュー〕〜しすぎて無理　busy〔ビズィ〕いそがしい

助動詞の次に動詞がきているときは、動詞の原形（動詞の s がない形）がくる法則

例題 3　次の（　　　）に適語を入れてください。
トニーは泳ぐ。　Tony (　　　).
トニーは本当に泳ぐ。　Tony (　　　) (　　　).

You swim. = You (　　　) swim.
Tony swims. = Tony (　　　) swim. は、（1）（2）＋動詞なので、
(　　　　) と (　　　　) がかんたんにつくれる法則

解 答 例題 1

あなたは泳ぐ。	You swim. = You (do) swim.
あなたは泳がない。	否定文　You do not swim.
あなたは泳ぎますか。	疑問文　Do you swim?
トニーは泳ぐ。	Tony swims. = Tony (does) swim.
トニーは泳がない。	否定文　Tony does not swim.
トニーは泳ぎますか。	疑問文　Does Tony swim?

(　　　) と (　　　) は、「～するというのは (　　　) ですよ」または
「(　　　　) ～する」の法則

解 答 例題 2

私は本当に泳ぎたいのですが、私はいそがしすぎて無理なんです。
I (do) want to swim, but I'm too busy.

(　　　　) の次に (　　　　) がきているときは、動詞の (　　　)
(　　　　　　) がくる法則

解 答 例題 3

トニーは泳ぐ。	Tony (swims).
トニーは本当に泳ぐ。	Tony (does) (swim).

動詞の前にある do と does は、必ず強く言う法則

例題 1　次の（　　　）に強調をするための助動詞を入れてください。

直美さんは本当に英語を話す。　Naomi (　　　) speak English.
私は本当に英語を話しますよ。　I (　　　) speak English.

I am、You are、Tony is のような be 動詞は 否定文と疑問文では、助動詞のはたらきをしている法則

例題 2　次の（　　　）に助動詞のはたらきをしている be 動詞を入れてください。

あなたはいそがしくない。　You (　　　) (　　　) busy.
あなたはいそがしいですか。　(　　　) you busy?

do、does、can や be 動詞を強く読むと、「～するのは本当だ」 または 「本当に」をあらわすことができる法則

例題 3　次の（　　　）に am と AM、can と CAN を使い分けて適当な方を入れてください。

私はいそがしい。　I (　　　) busy.
私は本当にいそがしいのですよ。　I (　　　) busy.
私は泳げます。　I (　　　) swim.
私は本当に泳げるんですよ。　I (　　　) swim.

習慣をあらわしていると動詞、そのときだけのことをあらわしていると〔be 動詞＋動詞の ing 形〕の法則

例題 4　次の日本語を英語にして（　　　）のところに書いてください。

私は英語を勉強しています。〔習慣〕　I (　　　) English.
私は英語を勉強しています。〔今だけ〕I (　　　) (　　　) English.

動詞の前にある（　　　）と（　　　）は、必ず（　　　）言う法則

解 答 例題1

直美さんは本当に英語を話す。	Naomi (does) speak English.
私は本当に英語を話しますよ。	I (do) speak English.

I（　　　）、You（　　　）、Tony（　　　）のような be 動詞は（　　　）と（　　　）では、（　　　）のはたらきをしている法則

解 答 例題2

あなたはいそがしくない。	You (are) (not) busy.
あなたはいそがしいですか。	(Are) you busy?

（　　　）、（　　　）、can や（　　　）を強く読むと、「（　　　）」または「（　　　）」をあらわすことができる法則

解 答 例題3

私はいそがしい。	I (am) busy.
私は本当にいそがしいのですよ。	I (AM) busy.
私は泳げます。	I (can) swim.
私は本当に泳げるんですよ。	I (CAN) swim.

（　　　）をあらわしていると動詞、そのときだけのことをあらわしていると〔（　　　）＋（　　　）の ing 形〕の法則

解 答 例題4

私は英語を勉強しています。〔習慣〕	I (study) English.
私は英語を勉強しています。〔今だけ〕	I (am) (studying) English.

練習問題

〔1〕次の日本語を英語にしてください。

（1）あなたはいそがしい。
（2）あなたはいそがしくない。
（3）あなたはいそがしいですか。
（4）あなたは散歩します。
（5）あなたは散歩しません。
（6）あなたは散歩しますか。

解 答 と 解 説

（1）You are busy.　（2）You are not busy.　（3）Are you busy?
（4）You walk.　（5）You do not walk.　（6）Do you walk?

（2）と（3）は、

（1）（2）not の（1）のところに主語、（2）のところに be 動詞があるとき、（2）（1）の順番に並べて not を消すと疑問文になる法則

（5）と（6）は、次の法則を使うと解けます。

（1）（2）not の（1）のところに You、（2）のところに be 動詞がないときは、do を入れると否定文になり、（2）（1）の順番に並べて not を消すと疑問文になる法則

〔2〕次の英文を否定文と疑問文にしてください。

Naomi swims.　〔否定文〕（1）＿＿＿＿＿＿＿＿＿＿
（直美さんは泳ぐ。）　〔疑問文〕（2）＿＿＿＿＿＿＿＿＿＿

解 答 と 解 説

（1）Naomi does not swim.　（2）Does Naomi swim?

You swim. = You do swim. Tony swims. = Tony does swim. は、（1）（2）+動詞なので、否定文と疑問文がかんたんにつくれる法則

〔3〕次の英文の中にある助動詞のはたらきをしている単語をこたえてください。
もしないときは、do または does を入れた英文に書きかえてください。

（1）You are not busy.　（　　　　　　　　　　　）
（2）You can swim.　（　　　　　　　　　　　）
（3）You speak English.　（　　　　　　　　　　　）
（4）Tony speaks English.　（　　　　　　　　　　　）

解答と解説

（1）are　（2）can　（3）You do speak English.
（4）Tony does speak English.

（1）は、

I am、You are、Tony is のような be 動詞は、否定文と疑問文では、助動詞のはたらきをしている法則

（3）（4）は、次の法則を使うと解けます。

You swim. = You do swim. Tony swims. = Tony does swim. は（1）（2）＋動詞なので、否定文と疑問文がかんたんにつくれる法則

〔4〕次の日本語を英語にしてください。強めの意味をあらわしているときは、AM、DO、DOES、CAN を使ってあらわしてください。

（1）私は本当にいそがしい。　________________
（2）私は本当に泳げるんですよ。　________________
（3）私は本当に泳ぎますよ。　________________
（4）トニーは本当に泳ぎますよ。　________________

解答と解説

（1）I AM busy.　（2）I CAN swim.
（3）I DO swim.　（4）Tony DOES swim.

do、does、can や be 動詞を強く読むと、「〜するのは本当だ」または「本当に」をあらわすことができる法則

を使うと解けます。

動詞の単語の最後に es をつけるときは、その単語の最後が s〔スッ〕、sh〔シッ〕、ch〔チッ〕、x〔クッスッ〕、o〔オーゥ〕で終わる法則

例題 1　次の動詞のうち es をつけるものには es、そうでないものには s をつけてください。

（1）歩く　walk（　　　　）　（2）走る　run（　　　　）
（3）～を洗う　wash（　　　　）　（4）行く　go（　　　　）
（5）～をつかまえる　catch（　　　　）

動詞の単語の最後が y で終わっているときは、y を i に変えて es をつける。ただし単語の最後に ay がきていないときに限る法則

例題 2　次の動詞に s または es をつけた形にしてください。

（1）勉強する　study（　　　　）
（2）遊ぶ　play（　　　　）

動詞に ing をつけると、動詞ではなく形容詞になるので、主語の次に be 動詞が必要になる法則

例題 3　次の日本文を英語にしてください。

私は英語を勉強しています。（　　　　　　　　　　　　）

動詞の最後に e があるときは、e を消して ing をつける法則

例題 4　次の動詞に ing をつけてください。

（1）make（～をつくる）　（2）write（～を書く）

動詞の最後の文字の前に母音（ア、イ、ウ、エ、オ）が 1 つあるときは、最後の文字を重ねてから ing をつける法則

例題 5　次の動詞に ing をつけてください。

（1）run（走る）（　　　　　　　　）
（2）swim（泳ぐ）（　　　　　　　　）
（3）speak（～を話す）（　　　　　　　　）
（4）read（～を読む）（　　　　　　　　）

**動詞の単語の最後に es をつけるときは、その単語の最後が
（　　　　）〔スッ〕，（　　　　）〔シッ〕、（　　　　）〔チッ〕、
（　　　　）〔クッスッ〕、（　　　　）〔オーゥ〕で終わる法則**

解 答 例題１

（１）歩く　walk (s)　（２）走る　run (s)　（３）～を洗う　wash (es)
（４）行く　go (es)　（５）～をつかまえる　catch (es)

動詞の単語の最後が（　　）で終わっているときは、（　　）を（　　）に変えて（　　）をつける。ただし単語の最後に（　　）がきていないときに限る法則

解 答 例題２

（１）勉強する　study　(studies)
（２）遊ぶ　play　(plays)

動詞に ing をつけると、（　　　　）ではなく（　　　　）になるので、主語の次に（　　　　）が必要になる法則

解 答 例題３

私は英語を勉強しています。　I am studying English.

動詞の最後に（　　　　）があるときは、（　　　　）を消して ing をつける法則

解 答 例題４

（１）make　(making)　（２）write　(writing)

動詞の最後の文字の前に（　　　　）（ア、イ、ウ、エ、オ）が（　　　）あるときは、最後の文字を（　　　　）から ing をつける法則

解 答 例題５

（１）run　(running)
（２）swim　(swimming)
（３）speak　(speaking)
（４）read　(reading)

練習問題

〔1〕次の動詞に s または es をつけてください。

（1）go　（2）make　（3）wash
（4）teach　（5）catch　（6）live

解答と解説

（1）es　（2）s　（3）es　（4）es　（5）es　（6）s

（1）（3）（4）（5）は、

動詞の単語の最後に es をつけるときは、その単語の最後が s〔スッ〕、sh〔シッ〕、ch〔チッ〕、x〔クッ スッ〕、o〔オーゥ〕で終わる法則

を使うと解けます。

〔2〕次の動詞の ing 形を ＿＿＿ に書いてください。

（1）run ＿＿＿＿　（2）swim ＿＿＿＿　（3）make ＿＿＿＿
（4）write ＿＿＿＿　（5）go ＿＿＿＿　（6）speak ＿＿＿＿

解答と解説

（1）running　（2）swimming　（3）making
（4）writing　（5）going　（6）speaking

（1）（2）は、

動詞の最後の文字の前に母音（ア、イ、ウ、エ、オ）が 1 つあるときは、最後の文字を重ねてから ing をつける法則

を使うと解けます。

（3）（4）は、

動詞の最後に e があるときは、e を消して ing をつける法則

を使うと解けます。

（5）（6）は、ふつうに ing をつけるだけです。

〔3〕次の動詞に s、ies のうちのどれかを使って書きかえてください。

（1）play ________　（2）stay ________　（3）study ________

解 答 と 解 説

（1）plays　（2）stays　（3）studies

（1）（2）（3）は、

動詞の単語の最後が y で終わっているときは、y を i に変えて es をつける。ただし単語の最後に ay がきていないときに限る法則

を使うと解ける。

ここが大切

1. s、es の使い分けはいろいろなルールがありますが、かんたんに言うと、言いやすいか言いにくいかで判断するとよいでしょう。
teach〔ティーチッ〕を例にとると〔ティーチスッ〕〔ティーチズッ〕〔ティーチィズッ〕のどれが発音しやすいでしょうか。たぶん〔ティーチィズッ〕だと思います。

2. s の発音には〔スッ〕と〔ズッ〕があります。
どちらで発音すればよいかがわからないときは、その単語の読みにカタカナで〔゛〕がついているときは〔ズッ〕、ついていなければ〔スッ〕と考えてください。
live〔リヴッ〕は〔゛〕があるので lives〔リヴッズッ〕。
make〔メーィクッ〕は〔゛〕がないので makes〔メーィクッスッ〕となります。

Yes. と No. でこたえられない疑問文の場合は、「疑問詞（一番たずねたいこと）＋疑問文？」にする法則

（例題）次の日本文を疑問詞（一番たずねたいこと）＋（疑問文？）のパターンにあてはめて英語に直してください。

（1）あなたはいついそがしいのですか。　〔be 動詞タイプ〕

《ヒント》いつ　when〔ウェンヌ〕

（　　　　　　）＋（　　　　　　　　　　　　）？

（2）あなたはなぜいそがしいのですか。　〔be 動詞タイプ〕

《ヒント》なぜ　why〔ワーィ〕

（　　　　　　）＋（　　　　　　　　　　　　）？

（3）あなたはいつ散歩しますか。　〔動詞タイプ〕

（　　　　　　）＋（　　　　　　　　　　　　）？

（4）あなたはなぜ散歩するのですか。　〔動詞タイプ〕

（　　　　　　）＋（　　　　　　　　　　　　）？

（5）あなたはどこに住んでいますか。　〔動詞タイプ〕

《ヒント》どこに　where〔ウェアァ〕　住む　live〔リヴッ〕

（　　　　　　）＋（　　　　　　　　　　　　）？

（6）あなたは何時に起きますか。　〔動詞タイプ〕

《ヒント》何時 what time〔ワッ・ターィムッ〕　起きる　get up〔ゲタッ プッ〕

（　　　　　　）＋（　　　　　　　　　　　　）？

（7）あなたは何時間寝ますか。　〔動詞タイプ〕

《ヒント》何時間　how many hours〔ハーゥ　メニィ　アワァ ズッ〕　寝る sleep〔スリープッ〕

（　　　　　　）＋（　　　　　　　　　　　　）？

（8）あなたはどのようにしてそこへ行きますか。　〔動詞タイプ〕

《ヒント》どのようにして　how〔ハーゥ〕　そこへ　there〔ぜアァ〕

（　　　　　　）＋（　　　　　　　　　　　　）？

（　　　）と（　　　）でこたえられない（　　　）の場合は、
「疑問詞（　　　　）＋（　　　）?」にする法則

解 答

（1）あなたはいついそがしいのですか。
(When) + (are you busy)?

（2）あなたはなぜいそがしいのですか。
(Why) + (are you busy)?

（3）あなたはいつ散歩しますか。
(When) + (do you walk)?

（4）あなたはなぜ散歩するのですか。
(Why) + (do you walk)?

（5）あなたはどこに住んでいますか。
(Where) + (do you live)?

（6）あなたは何時に起きますか。
(What time) + (do you get up)?

（7）あなたは何時間寝ますか。
(How many hours) + (do you sleep)?

（8）あなたはどのようにしてそこへ行きますか。
(How) + (do you go there)?

06 疑問詞＋疑問文?のなりたちを理解しよう

How ＋ 形容詞で、どれぐらい～をあらわす法則

例題 1　次の日本語を英語にしてください。

（1）どれぐらい古い　＿＿＿＿＿＿＿＿
（2）どれぐらい年をとっている　＿＿＿＿＿＿＿＿
（3）どれぐらい背が高い　＿＿＿＿＿＿＿＿
（4）どれぐらい高い　＿＿＿＿＿＿＿＿
（5）どれぐらい長い　＿＿＿＿＿＿＿＿
（6）どれぐらい寒い　＿＿＿＿＿＿＿＿
（7）どれぐらい熱い〔暑い〕　＿＿＿＿＿＿＿＿
（8）どれぐらい幅が広い　＿＿＿＿＿＿＿＿
（9）どれぐらい深い　＿＿＿＿＿＿＿＿

「何歳ですか＋あなたは?」は、How old are ＋ you ?になる法則

例題 2　次の日本語を、上の例文を参考にして英語にしてください。

（1）あなたはどれぐらい背が高いですか。
（　　　　　　　　　　　　　　　　　　　　）

（2）このビルはどれぐらい高いですか。
《ヒント》ビル　building〔ビオディ ン・〕
（　　　　　　　　　　　　　　　　　　　　）

どれぐらい長い＝どれぐらいの長さ、と考えることができる法則

例題 3　次の日本語を上の法則を参考にして、英語に直してください。

（1）このロープはどれぐらいの長さがありますか。
《ヒント》ロープ　rope〔ゥ ローゥプッ〕
（　　　　　　　　　　　　　　　　　　　　）

（2）このビルはどれぐらいの高さがありますか。
（　　　　　　　　　　　　　　　　　　　　）

How＋（　　　）で、（　　　）～をあらわす法則

解 答 例題1

（1）どれぐらい古い　how old〔オーゥオドゥッ〕
（2）どれぐらい年をとっている　how old
（3）どれぐらい背が高い　how tall〔トーォ〕
（4）どれぐらい高い　how high〔ハーィ〕
（5）どれぐらい長い　how long〔ローン・〕
（6）どれぐらい寒い　how cold〔コーゥオドゥッ〕
（7）どれぐらい熱い〔暑い〕　how hot〔ハッ・〕
（8）どれぐらい幅が広い　how wide〔ワーィドゥッ〕
（9）どれぐらい深い　how deep〔ディープッ〕

「（　　　）＋あなたは?」は、（　　　）（　　　）（　　　）＋ you ?になる法則

解 答 例題2

（1）あなたはどれぐらい背が高いですか。
(How tall are + you?)
（2）このビルはどれぐらい高いですか。
(How high is + this building?)

どれぐらい長い＝（　　　）、と考えることができる法則

解 答 例題3

（1）このロープはどれぐらいの長さがありますか。
(How long is + this rope?)

（2）このビルはどれぐらいの高さがありますか。
(How high is + this building?)

寒いときには How cold、暑いときには How hot で温度をたずねるときに使える法則

（例題 1） 次の（　　　）に適当な英語を入れてください。

《ヒント》まわりの温度を it を使ってあらわします。

何度ですか。〔暑いとき〕

（　　　）＋ it ?

何度ですか。〔寒いとき〕

（　　　）＋ it ?

How old は、「〜ができてからどれぐらいたつか」をたずねるときに使える法則

（例題 2） 次の日本語を英語に直してください。

あなたの学校は創立何年ですか。

____

あなたの赤ちゃんは生後何か月ですか。

____

「何ですか〔だれですか〕＋主語?」で英語に直せる法則

（例題 3） 上の法則を使って、次の日本語を英語に直してください。

《ヒント》だれの、だれのもの　whose〔フーズッ〕

（1）あの少年はだれですか。

（　　　　　　　　　　　　　　　　　　）

（2）これは何ですか。

（　　　　　　　　　　　　　　　　　　）

（3）このかばんはだれのものですか。

（　　　　　　　　　　　　　　　　　　）

（4）これはだれのかばんですか。

（　　　　　　　　　　　　　　　　　　）

寒いときには（　　　　）（　　　　）、暑いときには（　　　　）（　　　　）で温度をたずねるときに使える法則

解 答 例題１

何度ですか。〔暑いとき〕
(How hot is)　＋　it ?
何度ですか。〔寒いとき〕
(How cold is)　＋　it ?

How old は、「（　　　　　　　　）」をたずねるときに使える法則

解 答 例題２

あなたの学校は創立何年ですか。
How old is　＋　your school ?
あなたの赤ちゃんは生後何か月ですか。
How old is　＋　your baby ?

「（　　　　）〔だれですか〕＋（　　　　）?」で英語に直せる法則

解 答 例題３

（１）あの少年はだれですか。
(Who is + that boy ?)
（２）これは何ですか。
(What is + this ?)
（３）このかばんはだれのものですか。
(Whose is + this bag ?)
（４）これはだれのかばんですか。
(Whose bag is + this ?)

tall は、人や木など細長い場合に使い、high は、高くて幅(はば)が広いものに使う法則

(例題 1) 次の (　　　) に適語を入れてください。

《ヒント》木　tree〔チュリー〕　丘　hill〔ヒオ〕

この木はどれぐらいの高さがありますか。

How (　　　　) is this tree?

あの丘はどれぐらいの高さがありますか。

How (　　　　) is that hill?

how には、「どれぐらい」と「なんと」という意味があり、tall には、「背の高さがある」と「背が高い」という意味があるので、how「どれぐらいの」と「背の高さがある」が 1 つになって、How tall?「どれぐらいの背の高さ」をあらわすことができる法則

(例題 2) 次の日本語を英語に直してください。

あなたはどれぐらいの背の高さがありますか。

(　　　　　　　　　　　　　　　　　　)

「なんと」という意味の how と、「背が高い」という意味の tall が 1 つになると、「なんと背が 高いのだろう!」をあらわす法則

(例題 3) 次の日本語を英語に直してください。

なんと背が高いのだろう！　(　　　　　　　　　　)

なんと大きいのだろう！　(　　　　　　　　　　)

How tall! は感嘆文で、ふつうの文では、Very tall! で言いかえることができる法則

(例題 4) 次の英文を、very を使った言い方に変えてください。

How high！ →　(　　　　　　　　　　)

tall は、（　　　）や（　　　）など（　　　）場合に使い、high は、高くて（　　）が広いものに使う法則

解 答 例題1

この木はどれぐらいの高さがありますか。
How (tall) is this tree?
あの丘はどれぐらいの高さがありますか。
How (high) is that hill?

how には、「（　　　）」と「（　　　）」という意味があり、tall には（「　　　」）と「（　　　）」という意味があるので、how「（　　　）」と「背の高さがある」が 1 つになって How tall?（「　　　」）をあらわすことができる法則

解 答 例題2

あなたはどれぐらいの背の高さがありますか。
(How tall are you?)

「（　　　）」という意味の how と、「（　　　）」という意味の tall が 1 つになると、「（　　　）」をあらわす法則

解 答 例題3

なんと背が高いのだろう！　(How tall!)
なんと大きいのだろう！　(How big!)

How tall! は（　　　）で、ふつうの文では、（　　　）（　　　）! で言いかえることができる法則

解 答 例題4

How high! → (Very high!)

英語では、強調したいことばがあると、英文の一番前に置くとよい法則

(例題 1) 次の英文を感嘆文で言いかえてください。

(例) あなたはとても背が高い。

You are very tall. = Very tall you are!

あなたはなんと背が高いのだろう。

(　　　　　　　　　　　　　　　　　　　　　　　　　)

yesterday (きのう) などが最後にくるときと、最初にくるときは、意味が違う。最後にくるときはふつうの意味だが、最初にくると「いつもは〜だが、きのうは」という意味になる法則

(例題 2) 次の (　　　　) に適語を入れ、日本文に直してください。

《ヒント》息子　son〔サン〕　〜をつくった　made〔メーィ ドゥッ〕
朝食　breakfast〔ブゥレクフェアスットゥッ〕

My son made breakfast yesterday.

私の息子(むすこ)は (　　　　) 朝食をつくった。

Yesterday my son made breakfast.

(　　　　) 私の息子が朝食をつくった。

動詞の次にくることばを英文の最初に置くと、そのことばを強調した意味になる法則

(例題 3) 次の英文を上の法則を使って書きかえてから、(　　　　) に日本語訳を書いてください。

I don't know that.

____________________________.

私はそれを知りません。

(　　　　　　　　　　　　　　)

英語では、(　　　　　)したいことばがあると、英文の一番(　　　　　)に置くとよい法則

解 答 (例題1)

あなたはなんと背が高いのだろう。
How tall you are!

〔注意〕中学校では、How tall you are! が感嘆文のこたえになります。

yesterday (きのう) などが最後にくるときと、最初にくるときは、意味が違う。(　　　　　)にくるときはふつうの意味だが、(　　　　　)にくると「(　　　　　　　　　)」という意味になる法則

解 答 (例題2)

My son made breakfast yesterday.
私の息子は(きのう)朝食をつくった。
(=) Yesterday my son made breakfast.
(いつもはしないがきのうは)私の息子が朝食をつくった。

〔注意〕熱を入れて「〜をつくる」場合は cook、熱を入れないで「〜をつくる」は make

動詞の次にくることばを英文の(　　　　　)置くと、そのことばを(　　　　　)した意味になる法則

解 答 (例題3)

I don't know that.
That I don't know.
私はそれを知りません。
(私はまったく知りませんよ。それは。)

強調したいことばを、特に強く発音すると意味が変わる法則

（例）

I can speak English.
私は（他のことばではなく）、英語を話せます。

I can speak English.
私は（読んだり書いたりはできませんが）、英語は話せます。

I can speak English.
（他の人は知りませんが）、私は英語を話せます。

だれかとたずねるときは、Who are you?　職業をたずねるときは、What are you? と習った人もあるかもしれませんが、失礼な表現なので、使わない方がよい法則

例題 2　なぜ Who are you? はていねいではないのかを考えてください。

ていねいに相手がだれかを聞きたいときは、Would you please tell me ～？（私に教えていただけますか）または May I ask ～？（私がたずねてもよろしいですか）を使う法則

例題 3　上の 2 つの表現と Who are you ？をくっつけて正しい英文にしてください。

《ヒント》 Who are you?（あなたはだれだ。）を who you are にすると、（あなたがだれであるかということ）をあらわす意味になります。

あなたがどなたか、私に教えていただけますか。

____

あなたがどなたか、私がたずねてもよろしいですか。

____

(　　　　)したいことばを、特に(　　　　)発音すると意味が変わる法則

(例)

I can speak English.
私は(　　　　　　　　)、英語を話せます。

I can speak English.
私は(　　　　　　　　)、英語を話せます。

I can speak English.
(　　　　　　　　)、私は英語を話せます。

だれかとたずねるときは、(　　　　)(　　　　)(　　　　)？　職業をたずねるときは、(　　　　)(　　　　)(　　　　)？　と習った人もあるかもしれませんが、失礼な表現なので、使わない方がよい法則

解 答 例題２

Who are you? は「おまえはだれだ。」という意味だから。

(　　　)相手がだれかを聞きたいときは、(　　　)(　　　)(　　　)(　　　)(　　　)～？(私に教えていただけますか)または(　　　)(　　　)(　　　)～？(私がたずねてもよろしいですか)を使う法則

解 答 例題３

あなたがどなたか、私に教えていただけますか。
Would you please tell me who you are?
あなたがどなたか、私がたずねてもよろしいですか。
May I ask who you are?

英語では、Who are you?（あなたはだれですか。）を疑問詞＋肯定文（ふつうの文）の並べ方にすると、who you are（あなたがだれであるかということ）のような名詞のはたらきをするかたまりになり、このパターンを文法用語で「間接疑問文」という法則

例題１　次の日本語を英語にしてください。

（１）直美さんはどこに住んでいますか。

（　　　　　　　　　　　　　　　　　　　　　　　　）

（２）あなたは直美さんがどこに住んでいるか知っていますか。

（　　　　　　　　　　　　　　　　　　　　　　　　）

What are you? よりも What do you do? で相手の仕事を聞く方がよい法則

例題２　上の法則を使って次の日本語を英語にしてください。

あなたのお父さんは何の仕事をなさっていますか。

（　　　　　　　　　　　　　　　　　　　　　　　　）

相手に何をしているかをたずねるとき、今のことなら What are you doing(now)? の法則

例題３　上の法則を使って次の日本語を英語に直してください。

直美さんは今何をしていますか。

＿＿＿＿＿＿＿＿＿＿＿＿＿＿＿＿＿＿＿＿＿＿ now?

助動詞として使う do と does と「する」という動詞として使う do と does がある法則

例題４　次の（　　　）に適当な英語を入れてください。

私はここで私の宿題をします。〔習慣〕

I (　　　　) my homework here.

私はここで私の宿題をしません。〔習慣〕

I (　　　　) (　　　　) my homework here.

英語では、Who are you?（　　　　　　　　）を（　　　　）＋（　　　　）（ふつうの文）の並べ方にすると、who you are（あなたがだれであるかということ）のような（　　　　）のはたらきをするかたまりになり、このパターンを文法用語で「（　　　　）」という法則

解 答 例題１

（１）直美さんはどこに住んでいますか。
　　Where does Naomi live?

（２）あなたは直美さんがどこに住んでいるか知っていますか。
　　Do you know where Naomi lives?

（　　　　）（　　　　）（　　　　）？よりも（　　　　）（　　　　）（　　　　）（　　　　）？で相手の仕事を聞く方がよい法則

解 答 例題２

あなたのお父さんは何の仕事をなさっていますか。
What does your father do?

相手に何をしているのかをたずねるとき、（　　　　）のことなら（　　　　）（　　　　）（　　　　）（　　　　）（now）？の法則

解 答 例題３

直美さんは今何をしていますか。
What is Naomi doing now?

（　　　　）として使う do と does と「する」という（　　　　）として使う（　　　　）と（　　　　）がある法則

解 答 例題４

私はここで私の宿題をします。〔習慣〕
I (do) my homework here.
私はここで私の宿題をしません。〔習慣〕
I (don't) (do) my homework here.

練習問題

〔1〕次の（　　　）に適語を入れてください。

（1）この木はどれぐらい高いですか。〔tall を使って〕
（　　　）（　　　）（　　　）this tree?

（2）あなたはどれぐらい背が高いですか。〔tall を使って〕
（　　　）（　　　）（　　　）you?

（3）このビルはどれぐらい高いですか。〔high を使って〕
（　　　）（　　　）（　　　）this building?

（4）このロープはどれぐらいの長さがありますか。
（　　　）（　　　）（　　　）this rope?

（5）この赤ちゃんは生後何か月ですか。
（　　　）（　　　）（　　　）this baby?

（6）このビルは建てられてどれぐらいになりますか。
（　　　）（　　　）（　　　）this building?

解答と解説

（1）How tall is　（2）How tall are　（3）How high is
（4）How long is　（5）How old is　（6）How old is

（1）（2）（3）（4）は、

How ＋形容詞でどれぐらい～をあらわす法則

（5）（6）は、

How old は「～ができてからどれぐらいたつか」をたずねるときに使える法則

を使って解きます。

〔2〕次の日本語を英語に直してください。

（1）あなたは何をしていますか。〔今〕

＿＿＿＿＿＿＿＿＿＿＿＿＿＿＿＿＿＿＿＿

（2）あなたは何をしていますか。〔日常的に〕

____

（3）あなたのお父さんは何をしていますか。〔今〕

____

（4）あなたのお父さんは何をなさっていますか。〔日常的に〕

____

解答と解説

（1）What are you doing?　（2）What do you do?

（3）What is your father doing?　（4）What does your father do?

（1）と（3）は、

相手に何をしているのかをたずねるとき、今のことならWhat are you doing? の法則

（2）と（4）は、次の法則を使って解きます。

What are you? よりもWhat do you do? で相手の仕事を聞く方がよい法則

〔3〕次の英語の意味が違ってくる理由をこたえてください。

（1）How long?（どれぐらいの長さがあるの？）

（2）How long!（なんと長いんだろう。）

解答と解説

Howには、「どれぐらい」と「なんと」という意味があり、longには「長さがある」と「長い」という意味があるので、どちらの意味で使っているかで意味が変わってくるから。

「なんと」という意味のhowと、「背が高い」という意味のtallが1つになると、「なんと背が高いのだろう!」をあらわす法則

07 命令文を理解しよう

相手に向かって言うとき、you を省略して動詞から始まっているときは、命令文になる法則

例題 1 次の日本文を英文に直してください。

今こちらへ来なさい。 ____________________

命令文の場合、文の最後を下げて言うと、きつい言い方になり、軽く上げて波打つように言うと、やさしく頼(たの)んでいるように聞こえる法則

例題 2 同じ英文でも、最後を上げるか下げるかで意味が違ってきます。

（↗）（↘）のどちらかの矢印を入れてください。

その窓を開けなさいよ。 Open the window! （ ）

その窓を開けてよ。 Open the window. （ ）

命令文の一番前か、一番うしろに please をつけると、少していねいな言い方にすることもできるが、前に置く方がよりていねいである法則

例題 3 次の英語の意味を書いてください。

Please come in.

____

Come in, please.

____

Please. でいったん切って、動詞から始まる英文にすると、「お願いです。～して。」の意味をあらわせる法則

例題 4 次の日本語を英語に直してください。

お願いですよ。入ってよ。

____

（　　　　）に向かって言うとき、（　　　　）を省略して（　　　　）から始まっているときは、（　　　　）になる法則

解 答 例題1

今こちらへ来なさい。　Come here now.

命令文の場合、文の最後を（　　　　）言うと、（　　　　）言い方になり、軽く（　　　　）波打つように言うと、やさしく（　　　　）ように聞こえる法則

解 答 例題2

その窓を開けなさいよ。　Open the window!（↘）

その窓を開けてよ。　Open the window.（↗）

命令文の一番（　　　　）か、一番（　　　　）に（　　　　）をつけると、少し（　　　）な言い方にすることもできるが、（　　　　）に置く方がより（　　　　）である法則

解 答 例題3

Please come in.

どうぞお入りください。

Come in, please.

入ってくださいよ。

（　　　　）. でいったん切って、動詞から始まる英文にすると、「（　　　　）～して。」の意味をあらわせる法則

解 答 例題4

お願いですよ。入ってよ。

Please. Come in.

You come here now. の You を強く言ってから、動詞を続ける命令文もある法則

(例題 1) 次の英文を You から始まる英文にしてください。

私の言うことを聞いて。　Listen to me.〔リスン　チュ　ミー〕

命令文で You を強く発音するときは、言う相手がはっきりしている場合か、相手の注意を引いているか、不快感（ふかいかん）をあらわしている法則

(例題 2) 次の英語を日本語にするとどのような意味になるか考えてください。

You come here now.

命令文で英文の中に動詞がないときは、〔Be ＋単語.〕のパターンを使う法則

(例題 3) 次の日本語を英語にしてください。そして、なぜ be 動詞が必要なのか考えてください。

《ヒント》静かな　quiet〔クワーィ エッ・〕

静かにしなさい。　(　　　　　　　　　　　　　)

You are quiet. に must〔マスットゥッ〕「〜しなければならない」を入れた形と、You must be quiet. の You must を消した形が Be quiet. だの法則

(例題 4) You must be quiet. を日本語に直してください。

You come here now. の（　　　）を（　　　）言ってから、動詞を続ける命令文もある法則

解 答 例題1

私の言うことを聞いて。　Listen to me.

You listen to me.

命令文で You を強く発音するときは、言う相手が（　　　）場合か、（　　　）の注意を引いているか、（　　　）をあらわしている法則

解 答 例題2

You come here now.

君、今こっちへおいでよ。

命令文で英文の中に（　　　）がないときは、〔（　　　）＋（　　　）.〕のパターンを使う法則

解 答 例題3

静かにしなさい。（Be quiet.）

英文の中に動詞がないから、be 動詞＋ quiet で動詞のかわりをさせるため。

You（　　　）quiet. に must〔マスットゥッ〕「（　　　）」を入れた形と、You（　　　）（　　　）quiet. の You must を消した形が（　　　）（　　　）. だの法則

解 答 例題4

あなたは静かにしなければならない。

これだけは覚えましょう

quiet には動詞もあるので、次のように使われることもあります。

Quiet down!　（静かにしなさい！）

〔Do ＋動詞〕または〔Do be ～.〕のパターンで、「どうか〔ぜひ〕～してください。」をあらわす法則〕

(例題 1) 次の英語を日本語にしてください。

Do be quiet.

____

Do come. ＝ You must come.

____

Be quiet. をていねいな言い方にしたいときは、Would you please be quiet?（静かにしていただけますか。）にするとよい法則

(例題 2) Be quiet. を目上の人や大人の人に静かにしてほしいときどのように言えばよいかこたえてください。

____

〔名詞，please.〕で「私に～をください。」の意味で使われる法則

(例題 3) 相手にものをすすめるつもりで Milk, please.（ミルクをどうぞ。）と言ってしまいました。どこがおかしいかこたえてください。

____

「少しミルクをいかがですか。」と相手にミルクをすすめたいときは、Won't you have some milk?〔ウォーゥンチュ ヘァヴスッムッ　ミオクッ〕と言えばよい法則

(例題 4) How about〔ハーゥ アバーゥトゥッ〕「～してはいかがですか。」を使って、「少しミルクをいかがですか。」を言いかえてみてください。

____

〔(　　　　)＋動詞〕または〔(　　　　)(　　　　)〜.〕のパターンで、「(　　　　)〔ぜひ〕〜してください。」をあらわす法則

解 答 (例題1)

Do be quiet.

どうか静かにしてください。

Do come. = You must come.

ぜひ来てください。

Be quiet. を (　　　　) 言い方にしたいときは、(　　　　)(　　　　)(　　　　)(　　　　)(　　　　)?（静かにしていただけますか。）にするとよい法則

解 答 (例題2)

Would you please be quiet?

〔(　　　　), please.〕で「私に〜をください。」の意味で使われる法則

解 答 (例題3)

Milk, please. は、「ミルクをどうぞ。」ではなく、「ミルクをください。」

「少しミルクをいかがですか。」と相手にミルクをすすめたいときは、(　　　)(　　　)(　　　)(　　　)(　　　)?　と言えばよい法則

解 答 (例題4)

How about some milk?

pleaseには、「～を喜ばす」という意味があるので、何をしてもらえるとうれしいかを考えると、私はミルクをもらえるとうれしいので、「ミルクをください。」という意味で使われていると考えるとよい法則

（例題１）次の英語を日本語に直してください。

《ヒント》 水 water〔ウォータァ〕

Water, please. ＿＿＿＿＿＿＿＿＿＿＿＿＿＿＿＿。

相手にとって利益(りえき)になるようなことをあらわしているときは、命令文で言っていても、「～してください。」のような意味で相手も理解してくれる法則

（例題２）次の英語が命令文になっている理由をこたえてください。

（観光客）篠山(ささやま)城へはどうしたら行けますか。
How can I get to Sasayama Castle?
（あなた）「次の信号を左に曲(ま)がってください。そうすれば、右側にそれが見えますよ。」
"Turn left at the next traffic light. And you'll see it on your right."

please には、「(　　　)」という意味があるので、何をしてもらえるとうれしいかを考えると、私はミルクを(　　　)とうれしいので、「ミルクを(　　　)。」という意味で使われていると考えるとよい法則

解答 例題1

Water, please.　水をください。

相手にとって(　　　)になるようなことをあらわしているときは、(　　　)で言っていても、「(　　　)」のような意味で相手も理解してくれる法則

解答 例題2

道案内をしているので、相手にとって利益になるようなことなので、命令文であっても、相手は納得(なっとく)して聞いてくれるから。

これだけは覚えましょう

〔料理の説明の例〕

「まず、そのリンゴの皮をむきます。そして、それから4つに切ってください。」

"First peel the apple, and then cut it into four."
ファ～スットゥッ ピーオ　ずィ　エァポー　アン・ぜン カッリイッ・イントゥ フォー

〔相手にすすめるときの例〕

(相　手) リンゴをいくつかいただけますか。

Can I have some apples?
ケナーィ ヘァヴッ スムッ エァポーズッ

(あなた)「もちろん、いいですよ。どうぞ、あなたがほしいだけ持って行ってください。」

Sure, go ahead.　Take all you want.
シュアァゴーゥ アヘッドゥッ テーィコーオ ユー ワントゥッ

否定文の命令は、〔Don't ＋動詞〕または〔Don't be ＋単語〕のどちらかであらわせる法則

例題 1　次の（　　　）に適語を入れてください。

このイヌをこわがらないでね。

《ヒント》～がこわい be afraid of 〔ビー　アフゥ レーィ ダヴッ〕

（　　　）（　　　）afraid of this dog.

ここで勉強してはいけないよ。

（　　　）study here.

You mustn't ～.　＝ Don't ～.　で「～してはいけない。」をあらわせる法則

例題 2　次の（　　　）に適語を入れて、日本語を英語に直してください。

ここで遊んではいけないよ。

《ヒント》must not〔マスットゥッ　ナッ・トゥッ〕＝ mustn't〔マスッ ン・〕

（　　　）（　　　）here. ＝ You（　　　）（　　　）here.

Don't give up.〔ドーゥン・ギヴァップッ〕は「現状について、あきらめるな。」Never give up.〔ネヴァ ギヴァップッ〕は、「これから先も決してあきらめるな。」という違いがある法則

例題 3　次の（　　　）に適語を入れてください。

ここで泳いではいけないよ。

（　　　）（　　　）here.

これから先も決してここで泳いではいけないよ。

（　　　）（　　　）here.

否定文の命令は、〔(　　　　)＋(　　　　)〕または〔(　　　　)(　　　　)＋単語〕のどちらかであらわせる法則

解 答 （例題１）

このイヌをこわがらないでね。
(Don't) (be) afraid of this dog.
ここで勉強してはいけないよ。
(Don't) study here.

You (　　　　)～. ＝(　　　　)～. で「～してはいけない。」をあらわせる法則

解 答 （例題２）

ここで遊んではいけないよ。
(Don't) (play)here. = You (mustn't) (play) here.

(　　　　) give up. は「現状について、あきらめるな。」(　　　　) give up. は、「これから先も決してあきらめるな。」という違いがある法則

解 答 （例題３）

ここで泳いではいけないよ。
(Don't) (swim) here.
これから先も決してここで泳いではいけないよ。
(Never) (swim) here.

Please ～. （～してください。）や Please don't ～. （～しないでください。）から始まる文の場合、ていねいにこたえるときは All right.、そうでないときは、OK. と言えばよい法則

例題 1　次の（　　　）に適語を入れてください。

Please～. またはPlease don't～. から始まる英語に対して、「だいじょうぶですよ。」と言いたいとき、（　　　　）よりもていねいな言い方は（　　　　）（　　　　）です。

Don't ～ . と Please don't ～ . の場合は、I won't. と言えばよい法則

例題 2　次の（　　　）に適語を入れてください。

（1）「だれにも言わないでくださいね。」　　「言いませんよ。」
　（　　　　）（　　　　）tell anyone.　（　　　　）（　　　　）.

（2）「言いませんよ。」を完全な英文で言うと、
　I（　　　　）（　　　　）（　　　　）. となります。

相手に何かをすすめられたときは、Thank you. または Thank you I will. と言えばよい法則

例題 3　次の（　　　）に適語を入れてください。

（1）「どうぞ、お入りください。」　　「ありがとう。」
　（　　　　）come in.　　（　　　　）（　　　　）.

（2）「また来てくださいね。」　　（　　　）come（　　　）.
　「ありがとうございます。そうさせていただきますよ。」
　（　　　）（　　　）.　　（　　　）（　　　）.

「そうさせていただきますよ。」を完全な英文で言うと、
I（　　　　）（　　　　）（　　　　）. となります。

Please ～.（～してください。）や Please (　　　　). （～しないでください。）から始まる文の場合、(　　　　) にこたえるときは (　　　) (　　　)．、そうでないときは、(　　　　)．と言えばよい法則

解 答 例題1

Please ～. または Please don't から始まる英語に対して、「だいじょうぶですよ。」と言いたいとき、(OK.) よりもていねいなこたえ方は (All) (right.) です。

Don't ～. と Please don't ～．の場合は、(　　　　) (　　　　) と言えばよい法則

解 答 例題2

「だれにも言わないでくださいね。」　「言いませんよ。」
(Please) (don't) tell anyone.　(I) (won't).

「言いませんよ。」を完全な英文で言うと、
I (won't) (tell) (anyone). となります。

相手に何かを (　　　　　) ときは、(　　　) (　　　)．または (　　　) (　　　) (　　　) (　　　)．と言えばよい法則

解 答 例題3

（1）「どうぞ、お入りください。」　「ありがとう。」
(Please) come in.　(Thank) (you).

（2）「また来てくださいね。」　(Please) come (again).
「ありがとうございます。そうさせていただきますよ。」
(Thank) (you).　(I) (will).

「そうさせていただきますよ。」を完全な英文で言うと、
I (will) (come) (again). となります。

練習問題

〔1〕次の英文を中学校で習う命令文にしてください。

（1）You study hard.（あなたは熱心に勉強します。）

（2）You are quiet.　（あなたは静かにしています。）

解 答 と 解 説

（1）Study hard.　（2）Be quiet.

（1）は

相手に向かっていうとき、you を省略して動詞から始まっているときは、命令文になる法則

（2）は、次の法則を使うと解けます。

命令文で英文の中に動詞がないときは、〔Be ＋単語.〕のパターンを使う法則

〔2〕次の英文に must を入れて命令文と同じ意味の英語にしてください。次にそのつくった英文と同じ意味の命令文を書いてください。

You are quiet.　〈must をいれる〉（1）＿＿＿＿＿＿＿＿＿＿.

〈命令文〉（2）＿＿＿＿＿＿＿＿＿＿.

解 答 と 解 説

（1）You must be quiet.　（2）Be quiet.

You must be quiet. の You must を省略した形が Be quiet. だの法則

〔3〕noisy〔ノーィズィ〕（やかましい）を使って次の英文と同じ意味の英語にしてください。

Be quiet. ＝ ＿＿＿＿＿＿＿＿＿＿＿＿＿＿＿＿

解 答 と 解 説

Don't be noisy　（さわぐな。）

「否定文の命令は、〔Don't ＋動詞または〔Don't be ＋単語〕のどちらかであらわせる法則」

〔4〕次の日本文を英文にしてください。　《ヒント》あきらめる　give up〔ギヴァップッ〕

（1）あなたはあきらめてはいけません。

（　　　　　　　　　　　　　　　　　　　　　　　　　）

（2）あきらめてはいけません。

（　　　　　　　　　　　　　　　　　　　　　　　　　）

（3）これから先も決してあきらめてはいけません。

（　　　　　　　　　　　　　　　　　　　　　　　　　）

解答と解説

（1）You must not [mustn't] give up.

（2）Don't give up.　（3）Never give up.

（1）と（2）は、

You mustn't〜. = Don't 〜. で「〜してはいけない。」をあらわせる法則

（2）と（3）は、次の法則を使うと解けます。

Don't give up. は現状について、「あきらめるな。」Never give up. はこれから先も決してあきらめるな。」という違いがある法則

〔5〕次の英文に対するこたえを書いてください。

その窓を開けてください。　Please open the window.

（1）よろしいですよ。（　　　　）　（2）いいですよ。（　　　　）

解答と解説

（1）All right.　（2）OK.

Please 〜 .（〜してください。）や Please don't 〜 .（〜しないでください。）から始まる文の場合、ていねいにこたえるときは All right.　そうでないときは OK.　と言えばよい法則

08 人称代名詞とその他の代名詞を理解しよう

I〔アーィ〕、my〔マーィ〕、me〔ミー〕、mine〔マーィンヌ〕は、〔は、が、の、を、に、のもの〕と覚えるとよい法則

例題 1　次の英語はどういう意味かをこたえてください。

（1）I（　　　　）、（　　　　）　（2）my　（　　　　）

（3）me　（　　　　）、（　　　　）　（4）mine　（　　　　）

I は、英文のどこにきていても、大文字で書く法則

例題 2　次の英文の中にどこかまちがいがあります。

正しい英文に書き直してください。

i am happy.　→　（　　　　　　　　）

英語では、2 人称の you、3 人称の he、she と、1 人称の I をいっしょに並べるときは、かならず I を最後に置かなければならない法則

例題 3　次の日本語を英語に直してください。

《ヒント》と　and〔アン・〕

私とあなたはいそがしい。 ______________________

私と私の父はいそがしい。 ______________________

中学、高校英語では、～ and ～のようになっているとき、and の次に I を置くことになっていますが、例外的に自分たちが悪かったのであやまりたいときは、I and you, I and Naomi のような言い方をする法則

例題 4　次の（　　　　）に適語を入れてください。

《ヒント》申し訳なく思う　sorry〔サァ リィ〕

私と私の父はとても申し訳なく思っています。

(　　　　) and (　　　　) (　　　　) are so sorry.

I〔アーィ〕、my〔マーィ〕、me〔ミー〕、mine〔マーィンヌ〕は、〔(　　　)、(　　　)、(　　　)、(　　　)、(　　　)、(　　　)〕と覚えるとよい法則

解 答 例題1

（1）I（私は）、（私が）　（2）my（私の）

（3）me（私を、私に）　（4）mine（私のもの）

Iは、英文のどこにきていても、(　　　)で書く法則

解 答 例題2

i am happy.　→　(I am happy.)

英語では、2人称の(　　　)、3人称のhe、(　　　)と、1人称の(　　　)をいっしょに並べるときは、かならずIを(　　　)に置かなければならない法則

解 答 例題3

私とあなたはいそがしい。　You and I are busy.

私と私の父はいそがしい。　My father and I are busy.

中学、高校英語では、～ and ～のようになっているとき、andの次にIを置くことになっていますが、例外的に自分たちが悪かったのであやまりたいときは、(　　　)(　　　)(　　　)、(　　　)(　　　)(　　　)のような言い方をする法則

解 答 例題4

私と私の父はとても申し訳(わけ)なく思っています。

(I) and (my) (father) are so sorry.

me は、「私を、私に」の意味で使うが、例外的に I のかわりに使うことがある法則

(例題 1) 次の（　　　）に適当な単語を入れてください。

（1）あなたは私を知っていますか。　Do you know (　　　)?

（2）「どなたですか。」 "Who is it?"　「私です。」 "It's (　　　)."

（3）「私はいそがしいのです。」 "I am busy."

「私もなんですよ。」 "(　　　), too."

my ＋名詞を mine（私のもの）で置きかえることができる法則

(例題 2) 次の（　　　）に適当な単語を入れてください。

「この本はだれのものですか。」 "Whose is this book ? "

「それは私のものです。」 "It's (　　　)."

「これはだれの本ですか。」 "Whose book is this ? "

「それは私の本です。」＝「それは私のものです。」"It's (　　　)."

that には、「あれ」「それ」という意味があり、遠くのものをさしているときに使う法則

(例題 3) 次の（　　　）に適当な単語を入れてください。

「あれは何ですか。」 "What's (　　　)?"

「あれは何ですか。」「これはだれのものですか。」などに対するこたえを言うときは、It's ～.　でこたえる法則

(例題 4) 次の（　　　）に適当な単語を入れてください。

「あれは何ですか。」 "What's (　　　)?"

「それは鳥です。」 "(　　　) a bird."

「あの家はだれのものですか。」 "Whose is (　　　) house?"

「それは私のものです。」 "(　　　) mine."

meは、「（　　　　）、（　　　　）」の意味で使うが、例外的に（　　　　）のかわりに使うことがある法則

解 答 例題１

（１）あなたは私を知っていますか。　Do you know (me)?
（２）「どなたですか。」 "Who is it?" 「私です。」 "It's (me)."
（３）「私はいそがしいのです。」 "I am busy."
「私もなんですよ。」 "(Me), too."

（　　　　）＋名詞を（　　　　）（私のもの）で置きかえることができる法則

解 答 例題２

「この本はだれのものですか。」 "Whose is this book? "
「それは私のものです。」 "It's (mine)."
「これはだれの本ですか。」 "Whose book is this?"
「それは私の本です。」＝「それは私のものです。」 "It's (mine)."

thatには、「あれ」「それ」という意味があり、（　　　　）のものをさしているときに使う法則

解 答 例題３

「あれは何ですか。」 "What's (that)?"

「あれは何ですか。」「これはだれのものですか。」などに対するこたえを言うときは、（　　　　）～. でこたえる法則

解 答 例題４

「あれは何ですか。」 "What's (that)?"
「それは鳥です。」 "(It's) a bird."

「あの家はだれのものですか。」 "Whose is (that) house?"
「それは私のものです。」 "(It's) mine."

the cat（そのネコ）は、it（それ）、the cat's（そのネコの）は、its（それの）が同じものをあらわす法則

（例題１）次の（　　　）に適当な単語を入れてください。

私は１ぴきのネコを飼っています。

（１）I have (　　　　) cat.

（２）そのネコは黒い。＝それは黒い。

（　　　　）cat is black. ＝（　　　　）is black.

（３）そのネコの名前はクロです。＝それの名前はクロです。

（　　　　）（　　　　）name is Kuro.

＝（　　　　）name is Kuro.

that（あれ）、this（これ）は、名詞、that（あの）、this（この）は形容詞（名詞を説明するはたらき）だの法則

（例題２）次の（　　　）に適当な単語を入れてください。

（１）あれは私のかばんです。　（　　　　）is（　　　　）bag.

（２）あのかばんは私のものです。（　　　　）bag is（　　　　）.

this の複数形は、these〔ずィーズッ〕
that の複数形は、those〔ぞーゥズッ〕と覚えるとよい法則

（例題３）次の（　　　）に適当な単語を入れてください。

《ヒント》絵　picture〔ピクチァァ〕

（１）これは私のかばんです。（　　　　）（　　　　）my bag.

（２）これらは私のかばんです。（　　　　）（　　　　）my（　　　　）.

（３）あれは私の絵です。（　　　　）（　　　　）my（　　　　）.

（４）あれらは私の絵です。（　　　　）（　　　　）my（　　　　）.

the cat（そのネコ）は、（　　　　）（それ）、the cat's（そのネコの）は、（　　）（それの）が同じものをあらわす法則

解答 例題1

（1）私は1ぴきのネコを飼（か）っています。
I have (a) cat.

（2）そのネコは黒い。＝それは黒い。
(The) cat is black. = (It) is black.

（3）そのネコの名前はクロです。＝それの名前はクロです。
(The) (cat's) name is Kuro. = (Its) name is Kuro.

that（　　　）、this（　　　）は、（　　　）、that（　　　）、this（　　　）は（　　　）（名詞を説明するはたらき）だの法則

解答 例題2

（1）あれは私のかばんです。　(That) is (my) bag.

（2）あのかばんは私のものです。　(That) bag is (mine).

this の（　　　）は、（　　　）〔ずィーズッ〕
that の（　　　）は、（　　　）〔ぞーゥズッ〕と覚えるとよい法則

解答 例題3

（1）これは私のかばんです。　(This) (is) my bag.

（2）これらは私のかばんです。　(These) (are) my (bags).

（3）あれは私の絵です。　(That) (is) my (picture).

（4）あれらは私の絵です。　(Those) (are) my (pictures).

英語では、e を〔エ〕、o を〔オ〕と読むときと e を〔イー〕、o を〔オーゥ〕と読むときがあり、アルファベット読みするときは、単語の最後に e がくる法則

(例題 1) 次の e, o をどう読むかこたえてください。

(1) these 〔　　　　〕　(2) those〔　　　　〕

英語では a △ e、i △ e、e △ e、o △ e のように最後に e がくるときは、△の前の文字をアルファベット読みすればよい法則

(例題 2) 次の単語の読みを書いてください。

(1) name〔　　　　〕　(2) bike〔　　　　〕

英語では、i を e にかえると、複数形になり、s を〔スッ〕と読むと 1 つ、2 つ以上なら〔ズッ〕と読む法則

(例題 3) s を〔スッ〕と読んで 1 つをあらわす単語と s を〔ズッ〕と読む単語をこたえてください。ヒントは th から始まる単語です。

(1) s を〔スッ〕と読む単語

(2) s を〔ズッ〕と読む単語

they には、「彼ら」、「彼女たち」、「それら」の 3 つの意味があるので、どの意味で使われているのかを見極(みきわ)めなければならない法則

(例題 4) 次の they には 3 つの意味があります。3 つの意味をこたえてください。

(1) ＿＿＿＿＿＿

(2) ＿＿＿＿＿＿

(3) ＿＿＿＿＿＿

英語では、eを〔　　　〕、oを〔　　　〕と読むときとeを〔　　　〕、oを〔　　　〕と読むときがあり、アルファベット読みするときは、単語の最後に（　　　）がくる法則

解 答 例題1

（1）these〔イー〕　（2）those〔オーゥ〕

英語では、a△e、i△e、e△e、o△eのように最後に（　　　）がくるときは、△の前の文字をアルファベット読みすればよい法則

解 答 例題2

（1）name〔ネーィ ムッ〕　（2）bike〔バーィクッ〕

英語では、iを（　　　）にかえると、（　　　）になり、sを〔　　　〕と読むと（　　　）、（　　　）以上なら〔　　　〕と読む法則

解 答 例題3

（1）sを〔スッ〕と読む単語　this

（2）sを〔ズッ〕と読む単語　these

theyには、「　　　」、「　　　」、「　　　」の3つの意味があるので、どの意味で使われているのかを見極めなければならない法則

解 答 例題4

（1）彼ら

（2）彼女たち

（3）それら

theirとthey're〔ゼアァ〕、yourとyou're〔ユアァ〕が同じ発音になる法則

例題1 次の（　　　）に適語を入れてください。

（1）これは彼らの家です。　This is（　　　　）house.

（2）彼らは友だちです。　（　　　　　）friends.

（3）彼らは友だちです。　（　　　　）are friends.

（4）あなたの名前は酒井直美さんですか。

Is（　　　　）name Sakai Naomi ?

（5）あなたは酒井直美さんですか。

（　　　　）Sakai Naomi ?（↗）

（6）あなたは酒井直美さんですか。

Are（　　　　）Sakai Naomi ?

言わなくても意味のわかるときの主語は、Itであらわす法則

例題2 次の日本語を、Itを使って英語に直してください。

（1）5時です。　＿＿＿＿＿＿＿＿＿＿

《ヒント》5時　five o'clock〔ファーィ ヴッ アクロックッ〕

（2）月曜日です。　＿＿＿＿＿＿＿＿＿＿

《ヒント》月曜日　Monday〔マンデーィ〕

（3）寒い。　＿＿＿＿＿＿＿＿＿＿

《ヒント》寒い　cold〔コーゥ オドゥッ〕

（4）くもりです。　＿＿＿＿＿＿＿＿＿＿

《ヒント》くもりの　cloudy〔クラーゥディ〕

（5）4月10日です。　＿＿＿＿＿＿＿＿＿＿

《ヒント》4月　April (the) tenth〔エーィプゥリオ ざテンすッ〕

（6）暗い。　＿＿＿＿＿＿＿＿＿＿

《ヒント》暗い　dark〔ダークッ〕

theirと（　　　）〔ぜアァ〕、（　　　）とyou're〔ユアァ〕が同じ発音になる法則

解 答 例題1

（1）これは彼らの家です。　This is (their) house.

（2）彼らは友だちです。　(They're) friends.

（3）彼らは友だちです。　(They) are friends.

（4）あなたの名前は酒井直美さんですか。
Is (your) name Sakai Naomi?

（5）あなたは酒井直美さんですか。
(You're) Sakai Naomi?

（6）あなたは酒井直美さんですか。
Are (you) Sakai Naomi?

（　　　）意味のわかるときの（　　　）は、（　　　）であらわす法則

解 答 例題2

（1）5時です。　It's five o'clock.

（2）月曜日です。　It's Monday.

（3）寒い。　It's cold.

（4）くもりです。　It's cloudy.

（5）4月10日です。　It's April (the) tenth.

（6）暗い。　It's dark.

It's であらわすかわりに That's を使うと、感情が入った言い方にかわる法則

例題 1 （　　　）に適当な単語を入れてください。

《ヒント》おもしろい　interesting〔インタゥレスティン・〕

（1）それはおもしろい。　　　（　　　　）interesting.

（2）それはおもしろいですね。（　　　　）interesting.

It is[It's]〜（それは〜です）と言っておいて、It がさすものをあとからおぎなっていくのが自然な英語なのだの法則

例題 2 上の法則を使って次の日本語を英語にしてください。

（1）それはかんたんですよ〈何が〉泳ぐこと

（　　　　）is easy　　　to swim.

（2）それはかんたんですよ

（　　　　）is easy

〈だれにとって〉私にとって〈何をすること〉泳ぐこと

（　　　　）me（　　）（　　　　）.

相手の顔が見えれば you、見えないときは it、電話では this の法則

例題 3 次の（　　　）に適当な単語を入れて日本語を英語にしてください。

（1）あなたがどなたなのかおたずねしてもよろしいですか。

May I ask who（　　　　）（　　　　）?

（2）どちら様ですか。〔だれかがノックしたとき〕

Who is（　　　　）, please?

（3）どちら様ですか。〔電話のとき〕

Who is（　　　　）, please?

It's であらわすかわりに That's を使うと、(　　　　)が入った言い方にかわる法則

解答 例題1

(1) それはおもしろい。　(It's) interesting.
(2) それはおもしろいですね。　(That's) interesting.

It is〔　　　　〕〜(それは〜です)と言っておいて(　　　　)がさすものをあとからおぎなっていくのが(　　　　)な英語なのだ の法則

解答 例題2

(1) それはかんたんですよ〈何が〉泳ぐこと
(It) is easy to (swim).
(2) それはかんたんですよ
〈だれにとって〉私にとって〈何をすること〉泳ぐこと
(It) is easy (for) me (to) (swim).

相手の顔が(　　　　)えれば(　　　　)、(　　　　)ときは(　　　　)、電話では(　　　　)の法則

解答 例題3

(1) あなたがどなたなのかおたずねしてもよろしいですか。
May I ask who (you) (are)?
(2) どちら様ですか。〔だれかがノックしたとき〕
Who is (it), please?
(3) どちら様ですか。〔電話のとき〕
Who is (this), please?

it は男女、またはオスメスがわからないときにも使う法則

(例題 1) 次の (　　　　) に適当な単語を入れてください。

「その赤ちゃんは男の子ですか。それとも女の子ですか。」
"Is the baby a he or she?"
「女の子ですよ。」
"(　　　　) a girl."

電話で「私ですが。」と言うときは、"Speaking." または男性の場合は "This is he."、女性の場合は "This is she." を使ってあらわす法則

(例題 2) 次の (　　　　) に適当な単語を入れてください。

（1）「私ですが。」 (　　　　).　　　　〔だれにでも使えます〕
（2）「私ですが。」 This is (　　　　).　〔女性の場合〕
（3）「私ですが。」 This is (　　　　).　〔男性の場合〕

イギリス英語では、「そちらは～ですか。」の意味を "Is that ～ ?"「こちらは～です。」の意味を "This is ～ ." または "It's ～ ." という法則

(例題 3) 次の (　　　　) に適当な単語を入れてください。

「そちらはどなたですか。」　"Who is (　　　　)?"
「こちらはトニーです。」　"(　　　　) is Tony.
　　　　　　　　　　　　　または (　　　　) Tony."

人を導く It is ～. は日本語に訳すことはできない法則

(例題 4) 次の (　　　　) に適当な単語を入れてください。

（1）「あそこにいるのはだれですか。」「直美さんですよ。」
　"Who is that over there?"　"(　　　　) Naomi."
（2）〔戸口で〕「だれだったの。」「直美さんだったよ。」
　"Who was that?"　"(　　　　) (　　　　) Naomi."

(　　　　)は(　　　　　)、または(　　　　　)がわからないときにも使う法則

解 答 例題1

「その赤ちゃんは男の子ですか。それとも女の子ですか。」
"Is the baby a he or she?"
「女の子ですよ。」
"(It's) a girl."

電話で「私ですが。」と言うときは、"(　　　　　)." または　男性の場合は "(　　　　　　　　)"、女性の場合は "(　　　　　　　　)" を使ってあらわす法則

解 答 例題2

(1)「私ですが。」　(Speaking).　〔だれにでも使えます〕
(2)「私ですが。」　This is (she).　〔女性の場合〕
(3)「私ですか。」　This is (he).　〔男性の場合〕

イギリス英語では、「そちらは〜ですか。」の意味を "Is (　　　　　) 〜?" 「こちらは〜です。」の意味を "(　　　　　) is 〜." または "It's 〜." という法則

解 答 例題3

「そちらはどなたですか。」　Who is (that)?
「こちらはトニーです。」　(This) is Tony.
または (It's) Tony.

人を導く(みちびく)(　　)(　　)〜. は日本語に訳すことができない法則

解 答 例題4

(1)「あそこにいるのはだれですか。」　「直美さんですよ。」
"Who is that over there?"　"(It's) Naomi."
(2)〔戸口で〕「だれだったの。」　「直美さんだったよ。」
"Who was that?"　"(It) (was) Naomi."

This is の意味には、「これは」のていねいな言い方、「こちらは」という意味で使うことができる法則

例題 1　次の（　　　）に適当な単語を入れてください。

（1）This is my son Goro.　（　　　　）私の息子の悟朗です。

（2）This is my friend Kaoru.　（　　　　）私の友人の薫さんです。

（3）This is Wada Kaoru.　（　　　　）和田薫さんです。

電話では、「あなた」のかわりに「そちらは」、「私」のかわりに「こちらは」を使い、どちらも Is this ～?、This is ～ . と言う法則

例題 2　次の（　　　）に適語を入れてください。

（1）どちら様ですか。　Who's (　　　　) please?

（2）「もしもし、そちらは酒井直美さんですか。」

"Hello, is (　　　　) Sakai Naomi?"

（3）「酒井直美さんをお願いします。」

"Ms. Sakai Naomi, (　　　　)"

（4）こちらはその酒井直美ですが。

(　　　　) is Sakai Naomi speaking.

電話では、はじめての人に名前を言うときは、My name is ～. と言い、そうでないときは、This is ～. と言う法則

例題 3

（1）私の名前は佐藤雄司と申します。

(　　　　) (　　　　) is Sato Yuji.

（2）こちらは佐藤雄司です。

(　　　　) is Sato Yuji.

This is の意味には、「(　　　　)」のていねいな言い方、「(　　　　)」という意味で使うことができる法則

解 答 (例題１)

（１）This is my son Goro.　(これは) 私の息子（むすこ）の悟朗（ごろう）です。

（２）This is my friend Kaoru.　(こちらは) 私の友人の薫（かおる）さんです。

（３）This is Wada Kaoru.　(こちらは) 和田薫さんです。

電話では、「あなた」のかわりに「(　　　　)」、「私」のかわりに「(　　　　)」を使い、どちらも Is (　　　　) ～?、(　　　　) is ～. と言う法則

解 答 (例題２)

（１）どちら様ですか。　Who's (this) please?

（２）「もしもし、そちらは酒井直美さんですか。」
"Hello, is (this) Sakai Naomi?"

（３）「酒井直美さんをお願いします。」
"Ms. Sakai Naomi, (please)."

（４）こちらはその酒井直美ですが。
(This) is Sakai Naomi speaking.

電話では、はじめての人に名前を言うときは、(　　　　) (　　　　) is ～ . と言い、そうでないときは、(　　　　) (　　　　) ～ . と言う法則

解 答 (例題３)

（１）私の名前は佐藤雄司と申します。
(My) (name) is Sato Yuji.

（２）こちらは佐藤雄司です。
(This) is Sato Yuji.

はじめて出会ったとき、ていねいに言いたいときは、My name is ～. そうでないときは、I am ～. と使い分ける法則

（例題 1） 次の日本語を英語にしてください。

（1）私の名前は池上悟朗（いけがみごろう）と申します。

____

（2）ぼくは池上悟朗です。

____

名前を言うとき、日本の風習を知らない人に対しては、名＋姓の順番に言う方がよく通じるが、姓＋名で言うようにしたいという国の方針にしたがって、中学校や高校では姓＋名で教えるようになってきている法則

（例題 2） 次の名前を次の指示にしたがって英語にしてください。

〔名前〕和田慎太郎

〔英語本来の名前の言い方のルール〕　（　　　　）（　　　　）

〔日本の国の方針による名前の言い方のルール〕　（　　　　）（　　　　）

My name is 名前. よりも、名前 is my name. と言う方が名前を強調した言い方になる法則

（例題 3） 次の名前を英語で言うとき、名前を強調した言い方で英語に直してください。

〔名前〕Bruce Lee〔ブゥルースッ・リー〕

〔名前を強調した言い方〕

____

はじめて出会ったとき、（　　　　）に言いたいときは、（　　　　）（　　　　）（　　　　）〜．そうでないときは、（　　　　）（　　　　）〜．と使い分ける法則

解 答 例題1

（1）私の名前は池上悟朗と申します。
My name is Ikegami Goro.

（2）ぼくは池上悟朗です。
I am Ikegami Goro.

名前を言うとき、日本の（　　　　）を知らない人に対しては、（　　　　）＋（　　　　）の順番に言う方がよく通じるが、（　　　　）＋（　　　　）で言うようにしたいという国の方針にしたがって、中学校や高校では（　　　　）＋（　　　　）で教えるようになってきている法則

解 答 例題2

〔名前〕和田慎太郎

〔英語本来の名前の言い方のルール〕 (Shintaro) (Wada)

〔日本の国の方針による名前の言い方のルール〕 (Wada) (Shintaro)

（　　　　）（　　　　）is 名前．よりも（　　　　）is（　　　　）（　　　　）. と言う方が（　　　　）を（　　　　）した言い方になる法則

解 答 例題3

〔名前〕Bruce Lee〔ブゥルースッ・リー〕

〔名前を強調した言い方〕

Bruce Lee is my name.

〔ブルース・リー〕（1940 〜 1973）武術家、映画俳優

話し手と聞き手をふくまないが、私たちの生活に関係がある第 3 者にあたる人々を they であらわす法則

(例題 1) 次の (　　　) に適当な単語を入れてください。

コーヒーは体によいそうです。

《ヒント》コーヒー coffee〔コーフィ〕　みんなの体によい is good for you

(　　　) say that coffee is good for you.

you は、「人はだれでも」、「人というものは」、という意味で使うことも多く、いつも相手をさしているわけではない法則

(例題 2) 次の (　　　) に適当な単語を入れてください。

コーヒーは体によいそうです。

(　　　) say that coffee is good for (　　　).

we は私たちは、当地では、当団体では、当社では、当店では、のように自分をふくめた一般の人々をあらわす法則

(例題 3) 次の (　　　) に適当な単語を入れてください。

去年の冬は雪がたくさん降(ふ)った。

(　　　) had a lot of snow last winter.

相手に対して愛情をしめして、you のかわりに we を使って、あなたは、という意味で使う法則

(例題 4) 次の (　　　) に適当な単語を入れてください。

(1) 今朝は体の具合はどうですか。〔医者のことば〕

How are (　　　) this morning?

(2) 今朝は体の具合はどうですか。〔ふつうの言い方〕

How are (　　　) this morning?

（　　　）と（　　　）をふくまないが、私たちの生活に関係がある（　　　）にあたる人々を they であらわす法則

解 答 例題1

コーヒーは体によいそうです。

(They) say that coffee is good for you.

you は、「　　　」、「　　　」、という意味で使うことも多く、いつも（　　　）をさしているわけではない法則

解 答 例題2

コーヒーは体によいそうです。

(They) say that coffee is good for (you).

we は私たちは、（　　　）、当団体では、（　　　）、（　　　）、のように（　　　）をふくめた（　　　）の人々をあらわす法則

解 答 例題3

去年の冬は雪がたくさん降(ふ)った。

(We) had a lot of snow last winter.

相手に対して（　　　）をしめして、you のかわりに we を使って、（　　　）、という意味で使う法則

解 答 例題4

（1）今朝は体の具合はどうですか。〔医者のことば〕

How are (we) this morning?

（2）今朝は体の具合はどうですか。〔ふつうの言い方〕

How are (you) this morning?

練習問題

〔1〕次の（　　　）に人称代名詞を入れて正しい英語にしてください。

（1）これは私の本です。
This is (　　　　　　) book.

（2）この本は私のものです。
This book is (　　　　　　).

（3）あなたは私を知っていますか。
Do you know (　　　　　　)?

（4）私はあなたのことを知っています。
(　　　　　　) know you.

（5）「どなたですか。」「私です。」
"Who is it?" "It's (　　　　　　)."

（6）「私はいそがしい。」「私もですよ。」
"I am busy." "(　　　　　　), too."

（7）これは彼女の本です。
This is (　　　　　　) book.

（8）この本は彼女のものです。
This book is (　　　　　　).

（9）あなたは彼女を知っていますか。
Do you know (　　　　　　)?

（10）彼女はあなたを知っています。
(　　　　　　) knows you.

解 答 と 解 説

（1）my　（2）mine　（3）me　（4）I　（5）me
（6）Me　（7）her　（8）hers　（9）her　（10）She
（3）（5）（6）は、

me は「私を、私に」の意味で使うが、例外的に I のかわりに使うことがある法則

を使うと解けます。

〔2〕次の日本語を正しい英語のルールにしたがって自然な英語にしてください。

（1）あなたと私はいそがしい。

（2）私とあなたはいそがしい。

（3）私と直美さんはいそがしい。

解答と解説

（1）You and I are busy.　（2）You and I are busy.

（3）Naomi and I are busy.

英語では、2人称のyou、3人称のhe、sheと1人称のIをいっしょに並べるときは、必ずIを最後に置かなければならない法則

を使うと解けます。

ここが大切

1. I、my、me、mineの使い分けのコツは、まず〔は、が、の、を、に、のもの〕を覚えることです。

I　（私は、私が）

my　（私の）

me　（私を、私に）

mine（私のもの）

2.「私」という日本語を英語に直したいときは、文のはじまりならばI、途中と最後ならばme、動詞がきているときはどこにきていても動詞の前ではI。

（例）　I think that I will succeed.　（succeed　成功する）

〔3〕次の英文と同じ意味になるように ＿＿＿ には英語を、（　　　）には日本語訳を書いてください。

（1）This is my book.　＝ ＿＿＿＿＿＿＿＿＿＿

（これは私の本です。）　（　　　　　　　　）

（2）Whose book is this?　＝ ＿＿＿＿＿＿＿＿＿＿

（これはだれの本ですか。）（　　　　　　　　）

解答と解説

（1）This book is mine.（この本は私のものです。）

（2）Whose is this book?（この本はだれのものですか。）

（1）は、

my ＋名詞を mine（私のもの）で置きかえることができる法則

（2）は、次の法則を使うと解けます。

that（あれ）、this（これ）は、名詞、that（あの）、this（この）は形容詞（名詞を説明するはたらき）だの法則

〔4〕次の英文を複数形を使った英文にしてください。

（　　　）には日本語を、＿＿＿には英語を書いてください。

（1）これは私の本です。　（　　　　　　　　　　）
This is my book.　＿＿＿＿＿＿＿＿＿＿＿＿

（2）あれは私の車です。　（　　　　　　　　　　）
That is my car.　＿＿＿＿＿＿＿＿＿＿＿＿

（3）それは鳥です。　（　　　　　　　　　　）
It is a bird.　＿＿＿＿＿＿＿＿＿＿＿＿

（4）彼女は私の友だちです。（　　　　　　　　　　）
She is my friend.　＿＿＿＿＿＿＿＿＿＿＿＿

解答と解説

（1）これらは私の本です。　These are my books.

（2）あれらは私の車です。　Those are my cars.

（3）それらは鳥です。　They are birds.

（4）彼女たちは私の友だちです。　They are my friends.

（1）と（2）は、

**this の複数形は these〔ずィーズッ〕、
that の複数形は those〔ぞーゥズッ〕と覚えるとよい法則**

（3）と（4）は、

theyには、「彼ら」、「彼女たち」、「それら」の3つの意味があるので、どの意味で使われているかを見極め（みきわ）めなければならない法則

を使うと解けます。

〔5〕次の（　　　）にthe、a、it、its、it'sのうちから適当な単語を入れて日本語と同じ意味になるようにしてください。

（1）私は1ぴきのイヌを飼っています。　I have (　　　　) dog.
（2）そのイヌは白い。　(　　　　) dog is white.
（3）それは白い。　(　　　　) is white.
（4）そのイヌの名前はシロです。　(　　　　) dog's name is Shiro.
（5）それの名前はシロです。　(　　　　) name is Shiro.

解答と解説

（1）a　（2）The　（3）It　（4）The　（5）Its

（1）と（2）は、

どこにでもある　または　いるはaまたはan、1つしかない　または　いないときはtheの法則

（2）（3）（4）（5）は、次の法則を使うと解けます。

the cat（そのネコ）は、it（それ）、the cat's（そのネコの）はits（それの）が同じものをあらわす法則

〔6〕次の日本語を英語に直してください。

（1）2時です。
（2）（外は）寒い。
（3）月曜日です。
（4）雨です。
（5）それはおもしろい。
（6）それはおもしろいですね。（感情が入った言い方）

解 答 と 解 説

（1）It's two o'clock.　（2）It's cold.　（3）It's Monday.
（4）It's rainy.　（5）It's interesting.　（6）That's interesting.

言わなくても意味がわかるときの主語は、It で表わす法則

〔7〕次の（　　　）に適語を入れてください。

（1）you're と同じ発音の単語は（　　　）です。
（2）they're と同じ発音の単語は（　　　）です。
（3）目 eye〔アーィ〕と同じ発音の単語は（　　　）です。

解 答 と 解 説

（1）your　（2）their　（3）I
（1）と（2）は、

their と they're〔ぜアァ〕、your と you're〔ユアァ〕が同じ発音になる法則

を使うと解けます。

〔8〕次の日本語を英語に直してください。そのとき注意をして使い分けてください。

（1）「あれは何ですか。」
（2）「それはオルゴールです。」
《ヒント》オルゴール　music box〔ミューズィッ・バックッスッ〕
（3）「これはだれのかばんですか。」
（4）「私のものですよ。」

解 答 と 解 説

（1）What's [is] that?
（2）It's [is] a music box.
（3）Whose bag is this?
（4）It's [It is] mine.

（1）は、

thatには「あれ」「それ」という意味があり、遠くのものをさしている時に使う法則

（2）と（4）は、

「あれは何ですか。」「これはだれのものですか。」などに対するこたえを言うときは、It's ～. でこたえる法則

を使うと解けます。

〔9〕次の場面で名前を言うとき、どのように言えばよいかこたえてください。
「酒井直美」という名前を使ってこたえてください。
（1）〔ていねいに自己紹介をしたいとき〕
（2）〔親しみを込めて自己紹介をしたいとき〕
（3）〔電話ではじめて名前を言うとき〕
（4）〔電話で名前を言うとき〕

解答と解説
（1）My name is Sakai Naomi.　（2）I am Sakai Naomi.
（3）My name is Sakai Naomi.　（4）This is Sakai Naomi.
（1）と（2）は、

はじめて出会ったとき、ていねいに言いたいときは、My name is ～. そうでないときは、I am ～. と使い分ける法則

を使うと解けます。
（3）と（4）は、

電話では、はじめての人に名前を言うときは、My name is ～. と言い、そうでないときは、This is ～. と言う法則

を使うと解けます。

〔10〕かかってきた電話の会話で、次の日本語を次の条件に合わせて、英語にしてください。

「私ですが。」

（1）＿＿＿＿＿＿＿＿＿＿＿＿＿＿＿＿＿＿＿＿＿＿.〔だれでも使えます。〕

（2）＿＿＿＿＿＿＿＿＿＿＿＿＿＿＿＿＿＿＿＿＿＿.〔女性の場合〕

（3）＿＿＿＿＿＿＿＿＿＿＿＿＿＿＿＿＿＿＿＿＿＿.〔男性の場合〕

解 答 と 解 説

（1）Speaking.　（2）This is she.　（3）This is he.

（1）（2）（3）は、

「私ですが。」と言うときは、"Speaking." または、男性の場合は、This is he. 女性の場合は、This is she. を使ってあらわす法則

を使うと解けます。

〔11〕「あなたはだれですか。」という内容のことを言いたいとき、次の条件にぴったりの言い方をこたえてください。

（1）〔失礼な言い方〕

＿＿＿＿＿＿＿＿＿＿＿＿＿＿＿＿＿＿＿＿＿＿＿＿＿＿.

（2）〔ていねいにたずねたいとき〕

＿＿＿＿＿＿＿＿＿＿＿＿＿＿＿＿＿＿＿＿＿＿＿＿＿＿.

（3）〔電話で this を使ってたずねるとき〕

＿＿＿＿＿＿＿＿＿＿＿＿＿＿＿＿＿＿＿＿＿＿＿＿＿＿.

（4）〔戸口でノックした人に対して〕

＿＿＿＿＿＿＿＿＿＿＿＿＿＿＿＿＿＿＿＿＿＿＿＿＿＿.

解 答 と 解 説

（1）Who are you?

（2）May I ask who you are?

（3）Who is this, please?

（4）Who is it, please?

（１）と（２）は、

ていねいに相手がだれかをたずねたいときは、Would you please tell me your name? または May I ask who you are? を使う法則

（３）と（４）は、

相手の顔が見えれば you、見えないときは it、電話では this の法則

を使うと解けます。

〔12〕次の日本語を英語に直すとき、次の条件にあう言い方をこたえてください。

今朝の気分はどうですか。

（１）〔ふつうのあいさつとしての言い方〕

＿＿＿＿＿＿＿＿＿＿＿＿＿＿＿＿＿＿＿＿＿＿＿＿.

（２）〔相手の体を気にかけた言い方〕

＿＿＿＿＿＿＿＿＿＿＿＿＿＿＿＿＿＿＿＿＿＿＿＿.

解 答 と 解 説

（１）How are you this morning?

（２）How are we this morning?

（２）は、

相手に対して愛情をしめしているときに How are we? と言うことがある法則

を使うと解けます。

これだけは覚えよう便利な表現

- □ 私をだれだと思っているの、なめないでね。
  Who do you think I am?
- □ あなたは自分を何様だと思っているの。
  Who do you think you are?

09 現在進行形と過去進行形の使い方をマスターしよう

現在進行形は、I am ～ ing.
過去進行形は、I was ～ ing. であらわす法則

例題 1　次の日本語を英語に直してください。

（1）私は勉強しています。

（2）あなたは勉強しています。

（3）薫（かおる）さんは勉強しています。

（4）私は勉強していました。

（5）あなたは勉強していました。

（6）薫さんは勉強していました。

動詞の ing 形は、状態をあらわす形容詞なので、〔いつ〕のことかをあらわすときは be 動詞を使って、〔今〕のことなら is、am、are、〔過去〕のことなら was、were を使う法則

Let's try 1　動詞に ing をつけるとどのような性質を持った単語になるかを考えてみましょう。

Let's try 2　なぜ現在進行形と過去進行形には be 動詞が必要なのか考えてみましょう。

現在進行形は、I（　　　　）～ ing.
過去進行形は、I（　　　　）～ ing. であらわす法則

解 答 例題1

（1）私は勉強しています。
I am studying.
（2）あなたは勉強しています。
You are studying.
（3）薫（かおる）さんは勉強しています。
Kaoru is studying.
（4）私は勉強していました。
I was studying.
（5）あなたは勉強していました。
You were studying.
（6）薫さんは勉強していました。
Kaoru was studying.

動詞の ing 形は、（　　　　）をあらわす（　　　　）なので、〔　　　　〕のことかをあらわすときは（　　　　）を使って、〔今〕のことなら（　　　　）、（　　　　）、（　　　　）、〔過去〕のことなら（　　　　）、（　　　　）を使う法則

Let's try 1

動詞に ing をつけると「～している」という意味の形容詞になります。

Let's try 2

動詞の ing 形は、状態をあらわす形容詞なので、英文の中に動詞がどこにもないことになり、be 動詞＋～ ing にすることで、動詞のかわりをすることができるわけです。

進行形にしたいときは、主語が You または 2 人以上の場合、don't なら aren't、didn't なら weren't、主語が 1 人の場合は、doesn't なら isn't、didn't なら wasn't にすればよい法則

(例題 1) 次の英文を進行形にしてください。

（1）You don't study.

＿＿＿＿＿＿＿＿＿＿＿＿＿＿＿＿

（2）Tony doesn't study.

＿＿＿＿＿＿＿＿＿＿＿＿＿＿＿＿

（3）We don't study.

＿＿＿＿＿＿＿＿＿＿＿＿＿＿＿＿

（4）I didn't study.

＿＿＿＿＿＿＿＿＿＿＿＿＿＿＿＿

（5）Tony didn't study.

＿＿＿＿＿＿＿＿＿＿＿＿＿＿＿＿

（6）We didn't study.

＿＿＿＿＿＿＿＿＿＿＿＿＿＿＿＿

疑問文の進行形のときは、主語が 1 人ならば is か was、2 人以上ならば、are か were、you ならば、are か were を、いつのことかを考えながら、使い分ける法則

(例題 2) 次の英文を進行形にしてください。

（1）What do you do?

＿＿＿＿＿＿＿＿＿＿＿＿＿＿＿＿

（2）What did you do?

＿＿＿＿＿＿＿＿＿＿＿＿＿＿＿＿

（3）What does Tony do?

＿＿＿＿＿＿＿＿＿＿＿＿＿＿＿＿

（4）What did Tony do?

＿＿＿＿＿＿＿＿＿＿＿＿＿＿＿＿

進行形にしたいときは、主語が（　　　　）または（　　　　）以上の場合、don't なら aren't、didn't なら weren't、主語が１人の場合は、doesn't なら（　　　　）、didn't なら（　　　　）にすればよい法則

解答 例題１

（１）You don't study.
You aren't studying.

（２）Tony doesn't study.
Tony isn't studying.

（３）We don't study.
We aren't studying.

（４）I didn't study.
I wasn't studying.

（５）Tony didn't study.
Tony wasn't studying.

（６）We didn't study.
We weren't studying.

疑問文の進行形のときは、主語が（　　　　）ならば（　　　　）か（　　　　）、（　　　　）以上ならば、（　　　　）か（　　　　）、you ならば、（　　　　）か（　　　　）を、いつのことかを考えながら、使い分ける法則

解答 例題２

（１）What do you do?
What are you doing?

（２）What did you do?
What were you doing?

（３）What does Tony do?
What is Tony doing?

（４）What did Tony do?
What was Tony doing?

英語では、英文の最後に yesterday（きのう）、then（その時）などをつけると、さらに自分の言いたいことが言えるようになる法則

（例題 1）次の（　　　）に適語を入れてください。

（1）あなたはきのう何をしましたか。

What (　　　　) you (　　　　) (　　　　)?

（2）あなたはその時何をしていましたか。

What (　　　　) you (　　　　) (　　　　)?

（例題 2）次の英文に now , then をつけた英文に書きかえてください。

（1）What are you doing?

(a) ______________________________〔now〕

(b) ______________________________〔then〕

（2）What is Tony doing?

(a) ______________________________〔now〕

(b) ______________________________〔then〕

What are you doing? の doing の次に tomorrow（あす）などを入れると、未来の予定を聞く英文になる法則

（例題 3）次の英文を日本語に直してください。

（1）What are you doing now?

____

（2）What are you doing tomorrow?

____

（3）What are you doing tonight?

____

《ヒント》今夜　tonight〔チュナーィ トゥッ〕

英語では、英文の最後に（　　　　　）（きのう）、（　　　　　）（その時）などをつけると、さらに自分の言いたいことが言えるようになる法則

解 答 例題１

（１）あなたはきのう何をしましたか。
What (did) you (do) (yesterday)?

（２）あなたはその時何をしていましたか。
What (were) you (doing) (then)?

解 答 例題２

（１）What are you doing?
(a) What are you doing now?
(b) What were you doing then?

（２）What is Tony doing?
(a) What is Tony doing now?
(b) What was Tony doing then?

What are you doing? の doing の次に（　　　　　）（あす）などを入れると、（　　　　）の（　　　　）を聞く英文になる法則

解 答 例題３

（１）What are you doing now?
あなたは今何をしていますか。

（２）What are you doing tomorrow?
あなたはあす何をする予定ですか。

（３）What are you doing tonight?
あなたは今夜何をする予定ですか。

練習問題

〔1〕次の（　　　）に適当な単語を入れて、日本語を英語に直してください。

（1）あなたの仕事は何ですか。〔あなたは何をしていますか。〕

（　　　）（　　　）you（　　　）?

（2）あなたは今何をしていますか。

（　　　）（　　　）you（　　　）（　　　）?

（3）あなたのお父さんは何をなさっていますか。〔仕事〕

（　　　）（　　　）your father（　　　）?

（4）あなたのお父さんは今何をなさっていますか。

（　　　）（　　　）your father（　　　）（　　　）?

解答と解説

（1）What do/do　（2）What are/doing now

（3）What does/do　（4）What is/doing now

（1）と（3）は、

What are you? よりも What do you do? で相手の仕事を聞く方がよい法則

（2）と（4）は次の法則を使うと解けます。

何をしているかをたずねるとき、今のことなら、What are you doing? の法則

〔2〕次の英文を進行形にしてください。

（1）I run. ＿＿＿＿＿＿＿＿

（2）You swim. ＿＿＿＿＿＿＿＿

（3）Tony speaks English. ＿＿＿＿＿＿＿＿

解答と解説

（1）I am running.　（2）You are swimming.

（3）Tony is speaking English.

（1）と（2）は次の法則を使うと解けます。

動詞の最後の文字の前に母音〔ア、イ、ウ、エ、オ〕が1つあるときは、最後の文字を重ねてからingをつける法則

〔3〕次の動詞と動詞のing形を書いてください。

（1）～をつくる　（　　　）／（　　　）
（2）～を書く　（　　　）／（　　　）
（3）～を食べる　（　　　）／（　　　）
（4）～を話す　（　　　）／（　　　）
（5）走る　（　　　）／（　　　）
（6）泳ぐ　（　　　）／（　　　）

解答と解説

（1）make/making　（2）write/writing　（3）eat/eating
（4）speak/speaking　（5）run/running　（6）swim/swimming
（1）と（2）は、

動詞の最後にeがあるときは、eを消してingをつける法則

（5）（6）は次の法則を使うと解けます。

動詞の最後の文字の前に母音〔ア、イ、ウ、エ、オ〕が1つあるときは、最後の文字を重ねてからingをつける法則

（3）（4）はこの法則に当てはまらないので、ingをつけるだけです。

〔4〕次の英語を進行形にしてください。

（1）Tony doesn't run.　＿＿＿＿＿＿＿＿
（2）Tony didn't run.　＿＿＿＿＿＿＿＿

解答と解説

（1）Tony isn't running.　（2）Tony wasn't running.

進行形にしたいときは、主語がYouまたは2人以上の場合、don'tならaren't、didn'tならweren't、主語が1人の場合は、doesn'tならisn't、didn'tならwasn'tにすればよい法則

10 助動詞の使い方をマスターしよう

未来のことをすでに決めているときは、be going to、話の途中に決めたときは、will を使う法則

（例題 1） 次の ＿＿＿ に適語を入れてください。

（1）私はきょうの午後に買い物に行くつもりです。
＿＿＿＿＿＿＿＿ go shopping this afternoon.

（2）それでは、私はきょうの午後に買い物に行きますよ。
Then I ＿＿＿＿＿＿＿＿ go shopping this afternoon.

「～しないとだめ」なら must、「～しなければならない」は have〔has〕to と覚える法則

（例題 2） 次の（　　　）に適語を入れてください。

（1）私は学校へ 8 時に行かなければだめなんですよ。
I (　　　) go to school at eight.

（2）私は学校へ 8 時に行かなければならないんですよ。
I (　　　) (　　　) go to school at eight.

must は、話し手自身の気持ちをあらわしているのに対し、have to はまわりの事情で「～しなければならない」ときに使う法則

（例題 3） 次の ＿＿＿ に適語を入れてください。

（1）私たちは、私たちの税金を（政府）に納(おさ)めなければならない。
《ヒント》～を支払う pay〔ペーィ〕　税金　taxes〔テァクッスィズッ〕
We ＿＿＿＿＿＿＿＿ pay our taxes.

（2）私は英語を勉強しなければならない。
I ＿＿＿＿＿＿＿＿ study English.

未来のことを（　　　）決めているときは、（　　　）（　　　）（　　　）、話の（　　　）に決めたときは、（　　　）を使う法則

解 答 例題１

（１）私はきょうの午後に買い物に行くつもりです。

I am going to go shopping this afternoon.

（２）それでは、私はきょうの午後に買い物に行きますよ。

Then I will go shopping this afternoon.

「（　　　）」なら（　　　）、「（　　　）」は have〔has〕to と覚える法則

解 答 例題２

（１）私は学校へ８時に行かなければだめなんですよ。

I (must) go to school at eight.

（２）私は学校へ８時に行かなければならないんですよ。

I (have) (to) go to school at eight.

must は、話し手自身の（　　　）をあらわしているのに対し、have to は（　　　）で「〜なければならない」ときに使う法則

解 答 例題３

（１）私たちは、私たちの税金を（政府）に納めなければならない。

We have to pay our taxes.

（２）私は英語を勉強しなければならない。

I must study English.

mustn't は「～してはいけない」、don't have to は「～する必要はない」と覚えればよい法則

(例題１) 次の ＿＿＿ に適語を入れてください。

（１）あなたはここで日本語を話してはいけません。

《ヒント》日本語　Japanese〔ヂェァパニーズッ〕

You ＿＿＿＿＿ speak Japanese here.

（２）あなたはここで日本語を話す必要はないよ。

You ＿＿＿＿＿＿＿＿ speak Japanese here.

mustn't は、「何かをしないことが重要である」、don't have to は「～することは重要ではない」と覚える法則

(例題２) この法則から、かんたんに言うと、どういう意味になるのか ＿＿＿ に書いてください。

（１）「何かをしないことが重要である」

＝ ＿＿＿＿＿＿＿＿＿＿＿＿＿＿＿＿

（２）「～することは重要ではない」

＝ ＿＿＿＿＿＿＿＿＿＿＿＿＿＿＿＿

長沢式では、You must ～. は「あなたは～しないとだめ」
You mustn't ～. は「あなたは～したらだめ」
と覚える法則

(例題３) 次の日本語を英語に直してください。

（１）あなたは英語を勉強しないとだめだよ。

＿＿＿＿＿＿＿＿＿＿＿＿＿＿＿＿＿＿＿＿

（２）あなたは英語を話したらだめだよ。

＿＿＿＿＿＿＿＿＿＿＿＿＿＿＿＿＿＿＿＿

mustn't は「～（　　　　　　）」、don't（　　　　）（　　　　）は「～する必要がない」と覚えればよい法則

解 答 例題１

（１）あなたはここで日本語を話してはいけません。
You mustn't speak Japanese here.

（２）あなたはここで日本語を話す必要はないよ。
You don't have to speak Japanese here.

mustn't は「何かをしないことが（　　　　　　）」、don't have to は「～することは（　　　　　　）」と覚える法則

解 答 例題２

（１）「何かをしないことが重要である」
＝～してはいけない

（２）「～することは重要ではない」
＝～する必要がない

長沢式では、You must ～．は「あなたは～（　　　　　）」
You mustn't ～．は「あなたは～（　　　　　）」
と覚える法則

解 答 例題３

（１）あなたは英語を勉強しないとだめだよ。
You must study English.

（２）あなたは英語を話したらだめだよ。
You mustn't speak English.

I don't have（私はもっていない）＋ to ＋動詞（〜すること）＝「〜する必要がない」となる法則

（例題１）次の日本語を英語にしてください。

（１）私はここでは英語を話す必要はない。

____

（２）あなたはここでは英語を話す必要はない。

____

未来の予定や意志をあらわす法則には、次の４つがある法則
（１）I go to Tokyo tomorrow.〔100%決定〕
（２）I will go to Tokyo tomorrow.〔今、決定〕
（３）I am going to Tokyo tomorrow.〔決定して準備中〕
（４）I am going to go to Tokyo tomorrow.
〔すでに決定。ただし変わることもある〕

（例題２）次の（　　　　）に適語を入れてください。

（１）私はあす東京へ行きます。
I (　　　　) to Tokyo tomorrow.

（２）私はあす東京へ行くと今決めました。
I (　　　　) (　　　　) to Tokyo tomorrow.

（３）私はあす東京へ行くと決めて準備中です。
I (　　　　) (　　　　) to Tokyo tomorrow.

（４）私はあす東京へ行くとすでに決めていますが、予定が変わることもあります。
I (　　　　) (　　　　) (　　　　) go to Tokyo tomorrow.

(　　　)(　　　)(　　　)(私はもっていない)+(　　　)+動詞(〜すること)=「(　　　　　　　　　　)」となる法則

解答 例題1

(1)私はここでは英語を話す必要はない。

<u>I don't have to speak English here</u>.

(2)あなたはここでは英語を話す必要はない。

<u>You don't have to speak English here</u>.

未来の(　　)や(　　)をあらわす法則には、次の4つがある法則

(1)I(　　　) to Tokyo tomorrow.〔100%決定〕

(2)I(　　　) go to Tokyo tomorrow.　〔今、決定〕

(3)I(　　　)(　　　) to Tokyo tomorrow.〔決定して準備中〕

(4)I(　　)(　　)(　　) go to Tokyo tomorrow.

〔すでに決定。ただし変わることもある〕

解答 例題2

(1)私はあす東京へ行きます。

I (go) to Tokyo tomorrow.

(2)私はあす東京へ行くと今決めました。

I (will) (go) to Tokyo tomorrow.

(3)私はあす東京へ行くと決めて準備中です。

I (am) (going) to Tokyo tomorrow.

(4)私はあす東京へ行くとすでに決めていますが、予定が変わることもあります。

I (am) (going) (to) go to Tokyo tomorrow.

will には、意志をあらわすほかに現在の推測や未来の予測の意味もある法則

(例題 1) 次の（　　　）に適語を入れてください。

（1）私はあすいそがしいでしょう。

I (　　　) (　　　) (　　　) tomorrow.

（2）あなたは今いそがしいでしょう。

You (　　　) (　　　) (　　　) now.

will と be going to が、天気に関する英語では、will は自分の考えではないが、be going to は、何かのきざしがあって、自信をもって言うときに使う法則

(例題 2) 次の ＿＿ に適語を入れてください。

（1）雨が降りそうです。

It's ＿＿＿＿＿＿＿＿＿＿＿＿.

（2）雨が降るそうですよ。

They say that it ＿＿＿＿＿＿＿＿＿.

must（〜しなければならない）は命令に使い、should（〜すべきですよ）はアドバイスに使う法則

(例題 3) 次の日本語を英語にしてください。

（1）あなたは英語を勉強しなさいよ。

＿＿＿＿＿＿＿＿＿＿＿＿＿＿＿＿＿＿＿＿

（2）あなたは英語を勉強した方がよいですよ。

＿＿＿＿＿＿＿＿＿＿＿＿＿＿＿＿＿＿＿＿

willには、(　　　　)をあらわすほかに現在の(　　　　)や未来の(　　　　)の意味もある法則

解答 (例題1)

(1) 私はあすいそがしいでしょう。
I (will) (be) (busy) tomorrow.

(2) あなたは今いそがしいでしょう。
You (will) (be) (busy) now.

willとbe going toが、天気に関する英語では、(　　　　)は自分の考え(　　　　)が、(　　　　)(　　　　)(　　　　)は、何かのきざしがあって、(　　　　)をもって言うときに使う法則

解答 (例題2)

(1) 雨が降りそうです。
It's going to rain.

(2) 雨が降るそうですよ。
They say that it will rain.

must(　　　　)は(　　　　)に使い、should(　　　　)は(　　　　)に使う法則

解答 (例題3)

(1) あなたは英語を勉強しなさいよ。
You must study English.

(2) あなたは英語を勉強した方がよいですよ。
You should study English.

助動詞には2つの意味があり、その1つには可能性をあらわす意味があり、次の4つを一気に覚えておくとよい法則

（1）must　　～しなければならない、にちがいない
（2）will　　～するつもり、でしょう
（3）may　　～してもよい、かもしれない
（4）can't　　～することができない、はずがない

（例題1）次の（　　　）に適語を入れて、日本語を英語に直してください。

（1）あなたはいそがしいにちがいない。
You (　　　　) be busy.
（2）あなたはいそがしいでしょう。
You (　　　　) be busy.
（3）あなたはいそがしいかもしれない。
You (　　　　) be busy.
（4）あなたはいそがしいはずがない。
You (　　　　) be busy.

相手に依頼（いらい）するときに使えるCan you ～？　とWill you ～？の法則

（例題2）次のCan you ～？とWill you ～？はどのようなときに使うかこたえてください。

助動詞には（　　　　）の意味があり、その1つには（　　　　）をあらわす意味があり、次の4つを一気に覚えておくとよい法則

（1）must　（　　　　）、（　　　　）
（2）will　（　　　　）、（　　　　）
（3）may　（　　　　）、（　　　　）
（4）can't　（　　　　）、（　　　　）

解答 例題1

（1）あなたはいそがしいにちがいない。
You (must) be busy.
（2）あなたはいそがしいでしょう。
You (will) be busy.
（3）あなたはいそがしいかもしれない。
You (may) be busy.
（4）あなたはいそがしいはずがない。
You (can't) be busy.

相手に依頼（いらい）するときに使える（　　　　）you ～?　と（　　　　）you ～?　の法則

解答 例題2

相手に何かを依頼するときに使う。

依頼（いらい）するとき、親しい人に対しては Can you ～ ?、上下関係があるときは、上の人が下の人に対して Will you ～ ? を使うことがある法則

（例題 1） 人に依頼する表現が 2 つあるが、使い分けはあるのかこたえてください。

「～していただけますか。」は Would you ～ ?　または Could you ～ ? のように Will と Can の過去形を使うとよい法則

（例題 2） 次の日本語を 2 種類の英語であらわしてください。

その窓を開けていただけますか。

（1）＿＿＿＿＿＿＿＿＿＿＿＿＿＿＿＿＿＿＿＿

（2）＿＿＿＿＿＿＿＿＿＿＿＿＿＿＿＿＿＿＿＿

現在形を使うと近い、過去形を使うと遠いと考えるとよい法則

（例題 3） Can you ～ ? または Will you ～ ? と Could you ～ ? または　Would you ～ ? はどのような感覚のちがいがあるかこたえてください。

日本語では、「た」を使って過去のことをあらわすことがある。「～してくれる」には「た」がないが、ていねいに頼（たの）むときの「～していただけますか」は「た」があるので、英語でも過去形を使うとていねいな言い方になる法則

（Let's try） ていねいに依頼するときの、英語と日本語の共通点を考えてみましょう。

依頼するとき、（　　　）に対しては（　　　）you ～?、（　　　）があるときは、（　　　）の人が（　　　）の人に対して（　　　）you ～ ? を使うことがある法則

解 答 例題１

親しい人に対しては、Can you ～ ?

上下関係があるときは、上の人が下の人に対して Will you ～ ? を使うことがある。

「～していただけますか。」は（　　　）you ～ ? または（　　　）you ～ ? のように（　　　）と（　　　）の過去形を使うとよい法則

解 答 例題２

その窓を開けていただけますか。

（１）Would you open the window?

（２）Could you open the window?

現在形を使うと（　　　）、過去形を使うと（　　　）と考えるとよい法則

解 答 例題３

助動詞の Will と Can を過去形にして Would you ～ ? と Could you ～ ? にすると、Will you ～ ? や Can you ～ ? よりもていねいな言い方になる。

日本語では、「（　　　）」を使って（　　　）のことをあらわすことがある。「～してくれる」には「（　　　）」がないが、ていねいに頼むときの「～して（　　　）」は「た」があるので、英語でも（　　　）を使うとていねいな言い方になる法則

Let's try

英語も助動詞の can や will の過去形を使うと、ていねいに依頼することができるという共通点がある。

許可(きょか)を得るとき、親しい人には Can I ～？そうでない人には May I ～？を使い分ける法則

(例題 1) 次の（　　　）に適語を入れてください。

その窓を開けてもいい？

(　　　　) I open the window?

その窓を開けてもよろしいですか。

(　　　　) I open the window?

「私がしましょうか。」なら、Shall I ～ ?、「いっしょに～しましょうか。」なら Shall we ～ ? を使い分ける法則

(例題 2) 次の（　　　）に適語を入れてください。

私がその窓を開けましょうか。

(　　　　) I open the window?

いっしょにダンスをおどりましょうか。

(　　　　) (　　　　) dance?

「いっしょに～しましょう。」なら、Let's ～. を使う法則

(例題 3) 次の日本語を英語にしてください。

いっしょにおどりましょう。

____

May I ～ ? に対して Yes, you may. と言えるのは、目上の人が目下の人に言う場合だけです。上下関係がない場合は、Yes, you can. と言えばよい法則

(例題 4) May I ～ ?（～してもよろしいですか。）と言われたとき、どのようにこたえるのがよいでしょうか。

目上が目下に言う場合 ____________________

上下関係がない場合 ____________________

許可(きょか)を得るとき、(　　　)人には(　　　)I～? そうでない人には(　　　)I～? を使い分ける法則

解 答 (例題1)

その窓を開けてもいい?

(Can) I open the window?

その窓を開けてもよろしいですか。

(May) I open the window?

「私がしましょうか。」なら、(　　　)(　　　)～?、「(　　　)」なら(　　　)(　　　)～? を使い分ける法則

解 答 (例題2)

私がその窓を開けましょうか。

(Shall) I open the window?

いっしょにダンスをおどりましょうか。

(Shall) (we) dance?

「いっしょに～しましょう。」なら、(　　　)～. を使う法則

解 答 (例題3)

いっしょにおどりましょう。

Let's dance.

May I ～? に対して(　　　), you (　　　). と言えるのは、(　　　)の人が(　　　)の人に言う場合だけです。(　　　)関係がない場合は、(　　　)、you (　　　). と言えばよい法則

解 答 (例題4)

目上が目下に言う場合　Yes, you may.

上下関係がない場合　Yes, you can.

No, thank you. よりも Thank you, but no. の方がていねいな断り方になる法則

例題1 学校では、No, thank you. で、「いいえ、けっこうです。」と習うと思いますが、もう少し感じのよい言い方をこたえてください。

ていねいに依頼するとき、Would you ～?または Could you ～?を使い、「よろしいですよ。」なら Certainly. 「無理ですよ。」なら、Certainly not. を使う法則

例題2 どんな依頼表現に対して、Certainly. を使うかこたえてください。

依頼の意味で、Will you ～? または Can you ～? を使うとき、そのこたえは Sure.(もちろん。いいよ。)、Okay(いいですよ。)、All right.(よろしいですよ。)のうちのどれかを使ってこたえればよい法則

例題3 Sure. Okay. All right. とこたえているのはなぜですか。

No, thank you. よりも（　　　）（　　　），（　　　）（　　　）．の方がていねいな断り方になる法則

解答 例題1

Thank you, but no.

ていねいに依頼するとき、（　　　）you ～？または（　　　）you ～？を使い、「よろしいですよ。」なら（　　　）．「無理ですよ。」なら、（　　　）（　　　）．を使う法則

解答 例題2

Will you ～?、Can you ～？よりもていねいな言い方の Would you ～?、Could you ～？　で頼まれているので、一番ていねいな表現の Certainly. を使っています。

依頼の意味で、Will you ～?　または Can you ～?を使うとき、そのこたえは Sure.（（　　　）いいよ。）、Okay.（　　　）、All right.（　　　）のうちのどれかを使ってこたえればよい法則

解答 例題3

Would you ～？、Could you ～？　は、ていねいな依頼をするときに使う表現で Will you ～？　や Can you ～？　はていねいな言い方ではないので、こたえるときもくだけた表現の Sure. Okay. All right. を使っています。

「いいですよ。」にあたる言い方は 5 種類あるが、少しずつちがいがある法則

（1）Okay.〔オーゥ ケーィ〕　いいですよ。
Yes. のかわりにもっともよく使われるくだけた言い方

（2）Sure.〔シュアァ〕　もちろん。いいよ。
親しい感じが伝わる、くだけた言い方

（3）All right.〔オーオ　ウラーィ・〕　よろしいですよ。
Okay. よりも少しかたい言い方

（4）Certainly.〔サ〜トゥンリィ、サ〜・ンリィ〕　かしこまりました。
Sure. よりもあらたまった言い方

（5）Shall we dance?　いっしょにダンスをしましょうか。
Yes, let's.　はい、そうしましょう。
No, let's not.　いいえ。するのはやめましょう。

（例題）次の説明にぴったりの表現を ＿＿＿ に書いてください。

（1）Yes. のかわりにもっともよく使われるくだけた言い方

＿＿＿＿＿＿＿＿＿＿＿＿

（2）Sure. よりもあらたまった言い方

＿＿＿＿＿＿＿＿＿＿＿＿

（3）Okay. よりも少しかたい言い方

＿＿＿＿＿＿＿＿＿＿＿＿

（4）親しい感じが伝わるくだけた言い方

＿＿＿＿＿＿＿＿＿＿＿＿

（5）Shall we 〜 ? のこたえ方
Yes, ＿＿＿＿＿＿＿＿　No, ＿＿＿＿＿＿＿＿

「いいですよ。」にあたる言い方は５種類あるが、少しずつちがいがある法則

（１）(　　　　) いいですよ。
　　(　　　　) のかわりにもっともよく使われる (　　　　) 言い方

（２）(　　　　) もちろん。いいよ。
　　(　　　　) 感じが伝わる (　　　　) 言い方

（３）(　　　　) よろしいですよ。
　　(　　　　) よりも少し (　　　　) 言い方

（４）(　　　　) かしこまりました。
　　(　　　　) よりも (　　　　) 言い方

（５）Shall we dance?　いっしょにダンスをしましょうか。
　　Yes, (　　　　).　はい、そうしましょう。
　　No, (　　　　) (　　　　).　いいえ、するのはやめましょう。

解答

（１）Yes. のかわりにもっともよく使われるくだけた言い方
　　Okay.

（２）Sure. よりもあらたまった言い方
　　Certainly.

（３）Okay よりも少しかたい言い方
　　All right.

（４）親しい感じが伝わるくだけた言い方
　　Sure.

（５）Shall we ～？　のこたえ方
　　Yes, let's.　　No, let's not.

Yes, let's.（はい、そうしましょう。）のかわりに Sure.「いいですよ。」No, let's not.（いいえ、するのはやめましょう。）のかわりに I'm sorry, I don't want to.「すみませんが、私はしたくないのです。」と言うことができる法則

例題 1　次の質問にこたえてください。

（1）Yes, let's. のかわりに使える英語は何ですか。

____

（2）No, let's not. のかわりに使える英語は何ですか。

____

「～するつもりですか。」をあらわす Will you ～？ に対するこたえは、Yes, I will. No, I won't. と言う法則

例題 2　次の ________ に適語を入れてください。

（1）「あなたは今夜家にいますか。」

" ______________________ "

（2）「はい、います。」

" ______________________ "

（3）「いいえ、いません。」

" ______________________ "

「～ができる」を英語では、can または be able to であらわすことができる法則

例題 3　次の（　　　　）に適語を入れてください。

私は泳ぐことができます。

① I (　　　　) swim.

② I (　　　　) (　　　　) (　　　　) swim.

Yes, (　　　　). (はい、そうしましょう。) のかわりに (　　　　).「いいですよ。」、No, (　　　　) (　　　　). (いいえ、するのはやめましょう。) のかわりに (　　　　) (　　　　), I (　　　　) (　　　　) (　　　　).「すみませんが、私はしたくないのです。」と言うことができる法則

解 答 例題1

(1) Sure.

(2) I'm sorry, I don't want to.

「～するつもりですか。」をあらわす (　　　　) you ～ ? に対するこたえは、Yes, I (　　　　). No, I (　　　　). と言う法則

解 答 例題2

(1)「あなたは今夜家にいますか。」
"Will you stay home tonight?"

(2)「はい、います。」
"Yes, I will."

(3)「いいえ、いません。」
"No, I won't."

「～ができる」を英語では (　　　　) または (　　　　) (　　　　) (　　　　) であらわすことができる法則

解 答 例題3

私は泳ぐことができます。

① I (can) swim.

② I (am) (able) (to) swim.

can には〈身体的にできる〉という意味と、〈やり方を知っている〉という 2 つの意味がある法則

(例題 1) 次の(　　　)に適語を入れてください。〔　　　〕には、 どのような意味で使っているかを書いてください。

(1) 私は歩くことができます。〔　　　　　　　　　　〕

I (　　　) walk.

(2) 私は自転車に乗ることができる。〔　　　　　　　　　　〕

《ヒント》自転車に乗る　ride a bike〔ゥ ラーィ ダバーィクッ〕

I (　　　) (　　　) (　　　) ride a bike.

be able to は、「〜するのがじょうずです」または「〜するのが得意です」という意味ですが、「〜をする能力がある」または「〜の仕方を知っている」をあらわす can と書きかえると意味がちがってくる法則

(例題 2) 次の英語を日本語に直してください。

① I can speak English.

(　　　　　　　　　　)

② I am able to speak English.

(　　　　　　　　　　)

日本人だから、「私は日本語が話せるよ。」と言うときは、I can speak Japanese. アメリカ人が「私は日本語を話せるよ。」と言うときは、I am able to speak Japanese.　となる法則

(例題 3) 次の日本語を次の条件にぴったりの表現で英語にしてください。

私は英語を話せるよ。〔日本人の場合〕

____

私は英語を話せるよ。〔アメリカ人の場合〕

____

canには〈(　　　　　)〉という意味と、〈(　　　　　)〉という2つの意味がある法則

解 答 (例題1)

（1）私は歩くことができます。〔身体的にできる〕
I (can) walk.
（2）私は自転車に乗ることができる。〔やり方を知っている〕
I (am) (able) (to) ride a bike.

be able to は、「(　　　　　)」または「(　　　　　)」という意味ですが、「～をする(　　　　)」または「～の(　　　　　)」をあらわす can と書きかえると意味がちがってくる法則

解 答 (例題2)

① I can speak English.　(私は英語を話す能力があります。)
② I am able to speak English.　(私は英語を話すのが得意です。)

解 説

もし私がアメリカ人ならば、「私は英語を話すのが得意です。」とは言いません。それに対して、私が日本人ならば、「私は英語を話すのが得意なんですよ。」と言うことができます。

日本人だから、「私は日本語が話せるよ。」と言うときは、(　　　)(　　　)(　　　)(　　　). アメリカ人が「私は日本語を話せるよ。」と言うときは、(　　　)(　　　)(　　　)(　　　)(　　　)(　　　　). となる法則

解 答 (例題3)

私は英語を話せるよ。〔日本人の場合〕
I am able to speak English.
私は英語を話せるよ。〔アメリカ人の場合〕
I can speak English.

can の過去形の could〔クッドゥッ〕をできるだけ使わないで、was[were] able to を使う方がよい法則

（例題 1） 次の日本語を（　　　）に適語を入れて英語に直してください。

私は子供のとき、私は泳ぐことができたよ。

《ヒント》～のとき　when〔ウェンヌ〕　子供 child〔チァーィ オドゥッ〕

I (　　　) (　　　) (　　　) swim when I was a child.

could には「～できた」以外に「～できるかもしれないし、できないかもしれない」という意味がある法則

（例題 2） 次の（　　　）に適語を入れてください。

私はそのテストに受かることができた。

I (　　　) (　　　) (　　　) pass the test.

私はそのテストに受かるかもしれないし、受からないかもしれない。

I (　　　) pass the test.

「～できた」をあらわしたいときは、ふつうの動詞の過去形を使うか、was または were able to を使ってあらわす法則

（例題 3） 「なぜ～できた」と言う意味を動詞の過去形を使ってあらわすことができるかこたえてください。日本語で考えるとわかります。

can を使って未来をあらわしたいときは will be able to を、過去をあらわしたいときは was または were able to を使えばよい法則

（例題 4） You are able to do it.（あなたはそれをすることができる。）

〈will を入れて〉＿＿＿＿＿＿＿＿＿＿＿＿＿＿＿＿

〈過去の文に〉＿＿＿＿＿＿＿＿＿＿＿＿＿＿＿＿

canの過去形の（　　　　）をできるだけ使わないで、was[were] able toを使う方がよい法則

解答 例題1

私は子供のとき、私は泳ぐことができたよ。

I (was) (able) (to) swim when I was a child.

couldには「〜できた」以外に「（　　　　　　　　）」という意味がある法則

解答 例題2

私はそのテストに受かることができた。

I (was) (able) (to) pass the test.

私はそのテストに受かるかもしれないし、受からないかもしれない。

I (could) pass the test.

「（　　　　　）」をあらわしたいときは、ふつうの動詞の（　　　　）を使うか、（　　　　）または（　　　　）（　　　　）（　　　　）を使ってあらわす法則

解答 例題3

たとえば、「私はそのテストに受かることができた。」と「私はそのテストに受かった。」はどちらも言いたいことは同じだから。

canを使って（　　　　）をあらわしたいときは（　　　　）（　　　　）（　　　　）（　　　　）を、（　　　　）をあらわしたいときは（　　　　）または（　　　　）（　　　　）（　　　　）を使えばよい法則

解答 例題4

〈willを入れて〉 You will be able to do it.

〈過去の文に〉 You were able to do it.

can は、主語の次にきているときは、〔ケンまたはクン〕
英文の最後にきているときは、〔キャン ンヌ〕と発音する法則

例題１ 次の can はどう発音するかこたえてください。

はい、私はできますよ。 Yes, I can.〔 〕
私はそれができますよ。 I can do it.〔 〕

主語の次にくる can を〔キャン〕のように言うと、can't とまがえられることがある法則
（例）
英語では、t などの音が最後にくるとはっきり発音されないので、can't「キャン」と聞こえる可能性があると考えられます。
それから、文の途中に can がきているときは、〔ケンまたはクン〕と聞こえるはずなので、〔キャン〕と強く発音すると、can't とまちがえられる可能性があります。

動詞の現在形が can の意味を含（ふく）んでいることがあるので、can を入れても入れなくてもほとんど同じ意味になることがある法則
（例）
たとえば、「私は英語を話すことができますよ。」と「私は英語を話します。」は言っていることが同じだから。

Can you speak English? と言うよりも Do you speak English? と言う方がよい法則
（例）
相手に Can you ～？と言うと、相手の能力を直接聞いていることになるので、さけた方がよいという意味。

can は、(　　　　　) の次にきているときは、〔ケンまたはクン〕
英文の (　　　　　) にきているときは、〔キャンヌ〕と発音する法則

解 答 (例題1)

はい、私はできますよ。　Yes, I can.〔キャンヌ〕

私はそれができますよ。　I can do it.〔ケンまたはクン〕

主語の次にくる can を〔(　　　　　)〕のように言うと、(　　　　　) とまがえられることがある法則

(例)

英語では、t などの音が (　　) にくるとはっきり発音されないので、can't「(　　　　　)」と聞こえる可能性があると考えられます。

それから、文の途中に can がきているときは、〔(　　) または (　　)〕と聞こえるはずなので、〔(　　)〕と強く発音すると、can't とまちがえられる可能性があります。

動詞の (　　　　　) が can の意味を含(ふく)んでいることがあるので、(　　　　　) を入れても (　　　　　) ほとんど同じ意味になることがある法則

(例)

たとえば、「私は英語を話すことができますよ。」と「私は英語を話します。」は言っていることが同じだから。

Can you speak English? と言うよりも (　　　　　) you speak English? と言う方がよい法則

(例)

相手に Can you ～ ? と言うと、相手の (　　) を直接聞いていることになるので、さけた方がよいという意味。

助動詞が 2 つ重なってはいけないので、will can なら、will be able to、will must なら、will have to とする法則

（例題 1） 次の（　　　）に適語を入れてください。

（1）あなたは 2 日で泳げるようになるでしょう。

You (　　　) (　　　) (　　　) (　　　)swim in two days.

（2）私はあす東京へ行かなければならないでしょう。

I (　　　) (　　　) (　　　) go to Tokyo tomorrow.

must（～しなければならない）の意味を使って、過去のことをあらわしたいときは、had to を使うとよい法則

（例題 2） 次の英語を指示にしたがって書きかえてください。

I must study.〔yesterday を入れた文に〕

____

don't have to（～する必要はない）の意味を過去で使いたいときは、didn't have to にすればよい法則

（例題 3） 次の（　　　）に適語を入れてください。

私はきのう学校へ行く必要はなかった。

I (　　　) (　　　) (　　　) go to school yesterday.

have to は〔ヘァ フッ トゥッ〕，has to は〔ヘァ スッ トゥッ〕had to は〔ヘァッ・トゥッ〕と読むのがふつうだの法則

（例題 4） 次の読みのもとの英語を書いてください。

（1）〔ヘァッ・トゥッ〕　______________

（2）〔ヘァ スットゥッ〕　______________

（3）〔ヘァフットゥッ〕　______________

(　　　　)が(　　　　)重なってはいけないので、will can なら(　　　　)(　　　　)(　　　　)(　　　　)、will must なら、(　　　　)(　　　　)(　　　　)とする法則

解 答 例題１

（１）あなたは２日で泳げるようになるでしょう。
You (will) (be) (able) (to) swim in two days.

（２）私はあす東京へ行かなければならないでしょう。
I (will) (have) (to) go to Tokyo tomorrow.

(　　　　)(～しなければならない)の意味を使って、(　　　　)のことをあらわしたいときは、(　　　　)(　　　　)を使うとよい法則

解 答 例題２

I must study.〔yesterday を入れた文に〕
I had to study yesterday.

(　　　　)(　　　　)(　　　　)(～する必要はない)の意味を過去で使いたいときは、(　　　　)(　　　　)(　　　　)にすればよい法則

解 答 例題３

私はきのう学校へ行く必要はなかった。
I (didn't) (have) (to) go to school yesterday.

have to は〔　　　　〕、has to は〔　　　　〕、had to は〔　　　　〕と読むのがふつうだの法則

解 答 例題４

（１）had to
（２）has to
（３）have to

don't は〔ドーゥン・〕、didn't は〔ディドゥン・〕または〔ディ・ン・〕と発音する法則

英語では、don't と don't の次にくる単語の頭の音がローマ字のようにならないときは、't〔トゥッ〕をほとんど発音しません。
didn't〔ディ・ン・〕も 't〔トゥッ〕の音を発音しない方が英語らしく聞こえます。
didn't〔ディ・ン・〕と書いてあるのは、ディのところで息を止めて、・のところで鼻から息をぬきながら〔ン〕と発音すると英語らしく聞こえるという意味です。

Let's try ・のマークがついているところはどのような理由でついているか考えてみましょう。

Certainly. も〔サ～トゥ ンリィ〕と言うこともできますが、〔サ～・ンリィ〕のように発音すると英語らしく聞こえる法則

例題 Certainly.〔サ～・ンリィ〕と同じように発音する単語を 1 つこたえてください。

don't は〔　　　　　〕、didn't は〔　　　　　〕または〔　　　　　〕
と発音する法則

英語では、don't と don't の次にくる単語の（　　）の音がローマ字のようにならないときは、't〔トゥッ〕をほとんど発音しません。
didn't〔ディ・ン・〕も 't〔トゥッ〕の音を発音しない方が英語らしく聞こえます。
didn't〔ディ・ン・〕と書いてあるのは、ディのところで息を（　　　）、・のところで鼻から息をぬきながら〔ン〕と発音すると英語らしく聞こえるという意味です。

Let's try

・のマークのついているところの d の音や t の音は発音しない方が英語らしく聞こえるので、d や t のかわりに・のマークをつけてある。

Certainly. も〔　　　　　　　〕と言うこともできますが、
〔　　　　　　　〕のように発音すると英語らしく聞こえる法則

解答 例題

didn't

練習問題

〔1〕次の（　　　）に適語を入れてください。

（1）私は今晩トニーに会うつもりです。

I (　　　) (　　　) (　　　) see Tony tonight.

（2）それでは、私は今晩トニーに会いますよ。

Then I (　　　) see Tony tonight.

（3）私たちは学校へ8時に行かなければならない。

We (　　　) (　　　) go to school at eight.

（4）私は英語を勉強しなければならない。

I (　　　) study English.

解答と解説

（1）am going to　（2）will　（3）have to　（4）must

（1）と（2）は、

未来のことをすでに決めているときは、be going to、話の途中に決めたことは will を使う法則

（3）と（4）は、次の法則を使うと解けます。

must は、話し手自身の気持ちをあらわしているのに対し、have to はまわりの事情で「～しなければならない」ときに使う法則

〔2〕次の（　　）に適語を入れてください。

（1）あなたはここで日本語を話してはいけない。

You (　　　) speak Japanese here.

（2）あなたはここで英語を話す必要はない。

You (　　　) (　　　) (　　　) speak English here.

解答と解説

（1）mustn't　（2）don't have to

mustn't は「～してはいけない」、don't have to は「～する必要はない」と覚えればよい法則

〔3〕次の ＿＿＿ に適語を入れてください。１単語とは限りません。

（１）雪が降(ふ)りそうですよ。

It ＿＿＿＿＿＿＿＿＿＿＿＿ snow.

（２）雪があす降るそうですよ。

They say that it ＿＿＿＿＿＿＿＿ snow tomorrow.

解 答 と 解 説

（１）is going to　（２）will

will と be going to が天気に関する英語では、will は自分の考えではないが、be going to は、何かのきざしがあって、自信をもって言うときに使う法則

〔4〕次の（　　　）に適語を入れてください。

（１）あなたは毎日勉強しなさいよ。〔命令〕

You (　　　　) study every day.

（２）あなたは毎日勉強すべきですよ。〔アドバイス〕

You (　　　　) study every day.

解 答 と 解 説

（１）must　（２）should

must（～しなければならない）は、命令に使い、should（～すべきですよ）はアドバイスに使う法則

〔5〕次の英語を指示にしたがって書きかえてください。

Aoi is studying.

（１）〔ちがいないの文に〕＿＿＿＿＿＿＿＿＿＿＿＿＿＿＿＿

（２）〔でしょうの文に〕＿＿＿＿＿＿＿＿＿＿＿＿＿＿＿＿

（３）〔かもしれないの文に〕＿＿＿＿＿＿＿＿＿＿＿＿＿＿＿＿

（４）〔はずがないの文に〕＿＿＿＿＿＿＿＿＿＿＿＿＿＿＿＿

解 答 と 解 説

（1）Aoi must be studying.　（2）Aoi will be studying.

（3）Aoi may be studying.　（4）Aoi can't be studying.

助動詞には2つの意味があり、そのうちの1つが、可能性をあらわすことができる法則

これだけは覚えましょう

- □ must　～しなければならない、にちがいない
- □ will　～するつもり、でしょう
- □ may　～してもよい、かもしれない
- □ can't　～できない、はずがない

〔6〕次の日本語を、次の条件にあうように（　　　）に適語を入れてください。

（1）その窓を開けてくれますか。

〔上下関係があるとき、上の人が下の人に対して〕

（　　　）you open the window?

（2）その窓を開けてもらえますか。〔親しい人に対して〕

（　　　）you open the window?

解 答 と 解 説

（1）Will　（2）Can

依頼（いらい）するとき、親しい人に対してはCan you ～ ?、上下関係があるときは、上の人が下の人に対してWill you ～ ?を使うことがある法則

〔7〕次の（　　　）に適語を入れてください。

その窓を開けていただけますか。

（1）（　　　）you open the window?　〔Wからはじまる単語〕

（2）（　　　）you open the window?　〔Cからはじまる単語〕

解 答 と 解 説

（1）Would　（2）Could

「～していただけますか」は Would you ～？または Could you ～？のように will と can の過去形を使うとよい法則

〔8〕なぜ、Will you ～？/ Can you ～？よりも Would you ～？/ Could you ～？の方がていねいな言い方になるのかこたえてください。

____

解答と解説

助動詞の過去形を使うと、ていねいな言い方になるから。

現在形を使うと近い、過去形を使うと遠いと考えるとよい法則

近いということは、親(した)しい。遠いということは遠慮(えんりょ)をする仲であるということです。

〔9〕次の（　　　）に適語を入れてください。

（1）その窓を開けてもいい。

（　　　）I open the window?

（2）その窓を開けてもよろしいですか。

（　　　）I open the window?

解答と解説

（1）Can　（2）May

許可(きょか)を得(え)るとき、親しい人には Can I ～？、そうではない人には May I ～？を使い分ける法則

〔10〕次の（　　　）に適語を入れてください。

（1）私がその窓を開けましょうか。

（　　　）（　　　）open the window?

（2）いっしょにダンスをおどりましょうか。

（　　　）（　　　）dance?

解 答 と 解 説

（1）Shall I　（2）Shall we

「私がしましょうか。」なら Shall I ～？「いっしょに～しましょうか。」なら Shall we ～？を使い分ける法則

〔11〕次の日本語を英語に直してください。

いっしょにこの歌をうたいましょう。

____

解 答 と 解 説

Let's sing this song.

「いっしょに～しましょう」なら、Let's ～ . を使う法則

〔12〕May I ～？に対して、次の条件にあう、受けこたえを書いてください。

（1）〔目上の人が目下の人に言う場合〕 ______________

（2）〔上下関係がない場合〕 ______________

解 答 と 解 説

（1）Yes, you may.　（2）Yes, you can.

「May I ～ ?」に対して、Yes, you may. と言えるのは、目上の人が目下の人に言う場合だけです。上下関係がない場合は、Yes, you can. と言えばよい法則

〔13〕次の（　　　）に適語を入れてください。

"May I come in?"

（1）だめ。　No, you (　　　).

（2）だめですよ。　No, you (　　　) (　　　).

（3）だめなんですよ。　No, you (　　　).

（4）すみません、だめなんですよ。　I'm (　　　) you (　　　).

解答と解説

（1）mustn't　（2）may not　（3）can't　（4）sorry/can't

「May I ～ ?」に対して、「だめです。」という返事には、きつい言い方からおだやかな言い方まで4パターンがある法則

（例）May I come in?

（1）No, you mustn't.

（2）No, you may not.

（3）No, you can't.

（4）I'm sorry you can't.

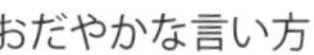

〔14〕次の（　　　）に適語を入れてください。

Shall I open the door?

（1）いいえ、けっこうです。

（　　　　）、（　　　　）（　　　　）.

（2）ありがとうございます。でもけっこうです。

（　　　　）（　　　　）、（　　　　）（　　　　）.

解答と解説

（1）(No), (thank) (you).　　（2）(Thank) (you), (but) (no).

No, thank you. よりも Thank you, but no. の方がていねいな断（ことわ）り方になる法則

〔15〕Would you ～ ? または　Could you ～ ?（～していただけますか。）に対するこたえ方を次の（　　　）に適語を入れてください。

（1）「よろしいですよ。」　（　　　　　）.

（2）「無理ですよ。」　（　　　　　）（　　　　　）.

解答と解説

（1）Certainly　　（2）Certainly not

ていねいに依頼するとき、Would you ～？または Could you ～？を使い、「よろしいですよ。」なら Certainly.「無理ですよ。」なら Certainly not. を使う法則

〔16〕 Will you ～？ Can you ～？（～してくれますか、～してもらえますか）に対するこたえ方と、次の（　　　　）に適語を入れてください。

（1）〔Yes. のかわりにもっともよく使える、くだけた言い方〕
いいですよ。　（　　　　　）.

（2）〔親しい感じが伝わる、くだけた言い方〕
もちろん、いいですよ。（　　　　　）.

（3）〔Okay. よりも少しかたい言い方〕
よろしいですよ。　（　　　　　）（　　　　　）.

（4）〔Sure. よりもあらたまった言い方〕
かしこまりました。　（　　　　　）.

解答と解説

（1）Okay　（2）Sure　（3）All right　（4）Certainly

「いいですよ。」にあたる言い方は、4 種類あるが、少しずつちがいがある法則

〔17〕 Shall we dance?（いっしょにおどりませんか。）に対するこたえ方を次の（　　　　）に適語を入れてください。

（1）「はい、そうしましょう。」
Yes, (　　　　). または (　　　　).

（2）「いいえ、するのはよしましょう。」
No, (　　　　) (　　　　).

（3）「すみませんが、私はしたくありません。」
I'm (　　　　), I (　　　　) (　　　　) (　　　　).

解答と解説

（1）let's/Sure　（2）let's not　（3）sorry/don't want to

Yes, let's.（はい、そうしましょう。）のかわりに Sure.「いいですよ。」、No, let's not.（いいえ、するのをやめましょう。）のかわりに I'm sorry, I don't want to.「すみませんが、私はしたくないのです。」と言うことができる法則

を使うと解けます。

〔18〕Will you ～？（～するつもりですか。）に対するこたえを次の（　　）に入れてください。

（1）はい、います。　　Yes, I (　　　).

（2）いいえ、いません。　　No, I (　　　).

解答と解説

（1）will　（2）won't

「～するつもりですか。」をあらわす Will you ～？に対するこたえは、Yes, I will. No, I won't. という法則

を使うと解けます。

〔19〕（　　）に適語を入れて次の日本語を英語にしてください。

（1）私は泳ぐことができます。

①I (　　　) swim.

②I (　　　) (　　　) (　　　) swim.

（2）私は私が子供のときは、泳ぐことができた。

《ヒント》～のときの when〔ウェンヌ〕　子供　child〔チァーィオドゥッ〕

I (　　　) (　　　) (　　　) swim when I was a child.

（3）あなたは2日で泳げるようになるでしょう。

You (　　　) (　　　) (　　　) (　　　) swim in two days.

解答と解説

（1）① can　② am able to

（2）was able to　（3）will be able to

（1）は

「～ができる」を英語では can または be able to であらわすことができる法則

（2）と（3）は、

can を使って未来をあらわしたいときは will be able to を、過去をあらわしたいときは was または were able to を使えばよい法則

を使うと解けます。

〔20〕次の（　　　）に適語を入れてください。

（1）私は歩くことができます。

I (　　　　) walk.

（2）私は泳ぐことができます。

I (　　　　) swim.

解答と解説

（1）can　（2）can

can は、〈身体的にできる〉という意味と〈やり方を知っている〉という 2 つの意味がある法則

〔21〕次の（　　　）に適語を入れてください。

（1）私はそのテストに受かった。

I (　　　　) the test.

（2）私はそのテストに受かることができた。

I (　　　　) (　　　　) (　　　　) pass the test.

（3）私はそのテストに受かるかもしれないし、受からないかもしれない。

I (　　　　) pass the test.

解答と解説

（1）passed　（2）was able to　（3）could

（1）と（2）は、

「～できた」をあらわしたいときは、ふつうの動詞の過去形を使うか was または were able to を使ってあらわす法則

（3）は、次の法則を使うと解けます。

could には「～できた」以外に「～できるかもしれないし、できないかもしれない」という意味がある法則

〔22〕次の（　　　）に適語を入れてください。

（1）私は日本語を話せますよ。〔日本人の場合〕

I（　　　　）speak Japanese.

（2）私は日本語を話すことができますよ。〔アメリカ人の場合〕

I（　　　　）（　　　　）（　　　　）speak Japanese.

解答と解説

（1）can　（2）am able to

be able to には「～するのがじょうずです」または「～するのが得意です」という意味ですが、「～をする能力がある」または「～する仕方を知っている」をあらわす can と書きかえると意味がちがってくる法則

〔23〕（　　　）に適語を入れて次の日本語を英語に直してください。

（1）私は英語を話す。

I（　　　　）English.

（2）私は英語を話せる。

I（　　　　）speak English.

（3）あなたは英語を話しますか。

（　　　　）you speak English?

（4）あなたは英語を話せますか。

（　　　　）you speak English?

解 答 と 解 説

（1）speak　（2）can　（3）Do　（4）Can

（1）～（4）は、

動詞の現在形が can の意味を含んでいることがあるので、can を入れても入れなくてもほとんど同じ意味になることがある法則

を使うと解けます。

〔24〕次の英語を、指示にしたがって書きかえてください。

（1）I can swim.　〔will を入れて〕

____

（2）I must swim.　〔tomorrow を入れて〕

____

解 答 と 解 説

（1）I will be able to swim.

（2）I will have to swim tomorrow.

助動詞は 2 つ重なってはいけないので、will can なら will be able to、will must なら will have to とする法則

〔25〕次の英語を指示にしたがって書きかえてください。

（1）Tony must study.　〔過去の文にして〕

____

（2）I must study.　〔yesterday（きのう）を入れて〕

____

解 答 と 解 説

（1）Tony had to study.

（2）I had to study yesterday.

must（～しなければならない）の意味を使って、過去のことをあらわしたいときは、had to を使うとよい法則

〔26〕次の英語を指示にしたがって書きかえてください。

（1）I don't have to study.〔yesterday を入れて〕

＿＿＿＿＿＿＿＿＿＿＿＿＿＿＿＿＿＿＿＿

（2）Tony doesn't have to study.〔過去の文に〕

＿＿＿＿＿＿＿＿＿＿＿＿＿＿＿＿＿＿＿＿

解答と解説

（1）I didn't have to study yesterday.

（2）Tony didn't have to study.

don't have to（～する必要はない）の意味を過去で使いたいときは、didn't have to にすればよい法則

〔27〕次のように聞こえるとき、何と言っているかこたえてください。

（1）〔ヘァ フッ トゥッ〕　（　　　）（　　　）

（2）〔ヘァ スッ トゥッ〕　（　　　）（　　　）

（3）〔ヘァッ・トゥッ〕　（　　　）（　　　）

解答と解説

（1）have to　（2）has to　（3）had to

（1）～（3）は、

have to は、〔ヘァ フッ トゥッ〕、has to は、〔ヘァ スッ トゥッ〕 had to は、〔ヘァッ・トゥッ〕と読むのがふつうだの法則

を使うと解けます。

11 接続詞の使い方をマスターしよう

（1）完全な英文＋接続詞＋完全な英文
（2）接続詞＋完全な英文 ,（コンマ）完全な英文
文と文を結びつける接続詞には、2つのパターンがある法則

例題1 次の（　　　）に適語または記号を入れてください。

私があなたを見たとき、あなたは寝ていました。

（1）You were sleeping (　　　　) I saw you.

（2）(　　　　) I saw you (　　　　) you were sleeping.

When（～したとき）からはじまっているときは、次の主語からはじまる英文の前に　,（コンマ）をうたないといけない法則

例題2 次の（　　　）に適語　または　記号を入れてください。

私があなたを見たとき、あなたは走っていました。

(　　　　　) I saw you (　　　)　you were running.

when（～するとき）、（～したとき）、if（もし～すれば）は同じパターンで使われる法則

例題3 次の（　　　）に適語を入れてください。

（1）もしあなたがしあわせなら、私はしあわせですよ。

(　　　　) you are happy, I am happy.

（2）あなたがしあわせなとき〔なら〕、私はしあわせですよ。

(　　　　) you are happy, I am happy.

（1）（　　　　）＋（　　　　）＋完全な英文
（2）（　　　　）＋完全な英文 ,（コンマ）完全な英文
文と文を結びつける接続詞には、２つのパターンがある法則

解 答 例題１

私があなたを見たとき、あなたは寝ていました。

（１）You were sleeping (when) I saw you.

（２）(When) I saw you (,) you were sleeping.

（　　　）（～したとき）からはじまっているときは、次の主語からはじまる英文の前に（　　　）（コンマ）をうたないといけない法則

解 答 例題２

私があなたを見たとき、あなたは走っていました。

(When) I saw you (,) you were running.

（　　　　）（～するとき）、（～したとき）、（　　　　）（もし～すれば）は同じパターンで使われる法則

解 答 例題３

（１）もしあなたがしあわせなら、私はしあわせですよ。
(If) you are happy, I am happy.

（２）あなたがしあわせなとき〔なら〕、私はしあわせですよ。
(When) you are happy, I am happy.

when や if などの接続詞がきている完全な英文があるときは、未来のことでも現在形を使う法則

例題 1 次の（　　　）に適語を入れてください。

（1）もしあす雨が降ったら、私は家にいますよ。

(　　　) it (　　　) tomorrow, I (　　　) stay home.

（2）私は家にいますよ、もしあす雨が降れば。

I (　　　) stay home (　　　) it (　　　) tomorrow.

副詞節〔接続詞＋主語＋動詞〕の部分が、つけ加えのはたらきをしている節では、いつも〔主語＋動詞の現在形〕を使って未来のことをあらわす法則

例題 2 次の（　　　）に適語を入れてください。

（1）私に電話をしてください、あなたがそこへ着いたら。

〈ヒント〉そこに着く　get there〔ゲッ・ぜアァ〕

Please call me when you (　　　) there.

（2）あなたがそこへ着いたら、私に電話をしてください。

When you (　　　) there, please call me.

副詞節（when, if など＋完全な英文）の部分を手で隠(かく)して残りの英文で意味がよくわかれば、隠した部分がおまけのはたらきであることがわかる法則

例題 3 次の英文の中で副詞節にあたる部分の英語を書き出してください。

もしあす天気がよい日なら、私は出かけますよ。

If it's a nice day tomorrow, I will go out.

〔副詞節〕＿＿＿＿＿＿＿＿＿＿＿＿＿＿＿＿

(　　　　)や(　　　　)などの(　　　　)がきている完全な英文があるときは、(　　　　)のことでも(　　　　)を使う法則

解答 例題1

（1）もしあす雨が降ったら、私は家にいますよ。
(If) it (rains) tomorrow, I (will) stay home.

（2）私は家にいますよ、もしあす雨が降れば。
I (will) stay home (if) it (rains) tomorrow.

副詞節〔(　　　　)＋主語＋(　　　　)〕の部分が、(　　　　)のはたらきをしている節では、いつも〔主語＋動詞の(　　　　)〕を使って(　　　　)のことをあらわす法則

解答 例題2

（1）私に電話をしてください、あなたがそこへ着いたら。
Please call me when you (get) there.

（2）あなたがそこへ着いたら、私に電話をしてください。
When you (get) there, please call me.

副詞節(when, if など＋完全な英文)の部分を手で隠(かく)して残りの英文で意味がよく(　　　　)、(　　　　)部分がおまけのはたらきであることがわかる法則

解答 例題3

もしあす天気がよい日なら、私は出かけますよ。
If it's a nice day tomorrow, I will go out.
〔副詞節〕If it's a nice day tomorrow,

完全な英文，〔but（しかし）＋完全な英文.〕と〔Though（けれども）＋完全な英文，完全な英文.〕でほとんど同じ内容をあらわせる法則

（例題 1） 次の（　　　　）に適語を入れてください。

（1）暑い。しかし、私は出かけます。

It's hot, (　　　　　) I will go out.

（2）暑いけれども、私は出かけますよ。

(　　　　　) it's hot, I will go out.

A and B (A と B) のようにして、同じ種類のことばをつなぐことができる法則

（例題 2） 次の（　　　　）に適語を入れてください。

（1）あなたと私は親友です。

You (　　　　　) I (　　　　　) good friends.

（2）私は勉強します。そして、寝ます。

I study (　　　　　) go to bed.

Why〔ワーィ〕なぜ、と聞かれたら、Because〔ビコーズッ〕「なぜならば〜だから」とこたえる法則

（例題 3） 次の（　　　　）に適語を入れてください。

（1）なぜあなたは英語が好きなのですか。

(　　　　　) do you like English?

（2）なぜならば、英語は私にはおもしろいからです。

《ヒント》おもしろい interesting〔インタゥ レスティ ン・〕

(　　　　　) English is interesting (　　　　　) me.

完全な英文，〔(　　　　　)（しかし）＋(　　　　　).〕と〔(　　　　　)（けれども）＋完全な英文，完全な英文.〕でほとんど同じ内容をあらわせる法則

解答 例題1

（1）暑い、しかし、私は出かけます。
It's hot, (but) I will go out.

（2）暑いけれども、私は出かけますよ。
(Though) it's hot, I will go out.

A (　　　　　) B (A と B) のようにして、(　　　　　) 種類のことばをつなぐことができる法則

解答 例題2

（1）あなたと私は親友です。
You (and) I (are) good friends.

（2）私は勉強します。そして、寝ます。
I study (and) go to bed.

(　　　　　) なぜ、と聞かれたら、(　　　　　)「なぜならば～だから」とこたえる法則

解答 例題3

（1）なぜあなたは英語が好きなのですか。
(Why) do you like English?

（2）なぜならば、英語は私にはおもしろいからです。
(Because) English is interesting (to) me.

Whyと聞かれたときは、Because〔ビコーズッ〕のほかにTo（〜するために）を使うこともできる法則

（例題1）次の（　　　　）に適語を入れてください。

「なぜあなたは英語を勉強しているのですか。」
"(　　　　) do you study English?"
→「なぜならば、私はアメリカに行きたいからです。」
"(　　　　) I want to go to America."
→「アメリカに行くためです。」
"(　　　　) go to America."

文を〔that＋文〕にすると、名詞のはたらきをするかたまりにかえることができる法則

（例題2）次の（　　　　）に適語を入れてください。

（1）トニーさんは英語を教えています。
Tony (　　　　) English.
（2）トニーさんが英語を教えているということ
(　　　　) Tony (　　　　) English

〈何を〉という疑問が生まれるとき、〔that＋文〕にすることで動詞のあとに置くことができる法則

（例題3）次の〈　　　　〉にどんな疑問が生まれるのかこたえてください。

I know〈　　　　〉that Tony teaches English.
私は知っている　トニーさんが英語を教えているということ

think（〜だと思う）、know（〜を知っている）、believe（〜を信じている）の次に〔that＋完全な英文〕をともなう法則

（例題4）〔that＋完全な英文〕の前にくる動詞を3つこたえてください。

（1）
（2）
（3）

（　　　　）と聞かれたときは、（　　　　）のほかに（　　　　）（～するために）を使うこともできる法則

解 答 （例題１）

「なぜあなたは英語を勉強しているのですか。」
"(Why) do you study English?"
→「なぜならば、私はアメリカに行きたいからです。」
"(Because) I want to go to America."
→「アメリカに行くためです。」
"(To) go to America."

文を〔（　　　　）＋（　　　　）〕にすると、（　　　　）のはたらきをする（　　　　）にかえることができる法則

解 答 （例題２）

（１）トニーさんは英語を教えています。
Tony (teaches) English.
（２）トニーさんが英語を教えているということ
(that) Tony (teaches) English

〈　　　　〉という疑問が生まれるとき、〔（　　　　）＋（　　　　）〕にすることで（　　　　）のあとに置くことができる法則

解 答 （例題３）

I know〈何を〉 that Tony teaches English.
私は知っている トニーさんが英語を教えているということ

（　　　　）（～だと思う）、（　　　　）（～を知っている）、（　　　　）（～を信じている）の次に〔（　　　　）＋完全な英文〕をともなう法則

解 答 （例題４）

（１）think
（２）know
（３）believe

話しことばでは、that を省略し、書きことばでは、〔that ＋完全な英文〕にする法則

話しことばは、〔言いたいことを言って、つぎたすように話をする〕。書きことばは、〔考えて書くので、that を省略せずに文法的に正しい書き方をする〕。日本語でも英語でも同じです。

（例）

話しことば「私は知っているよ、トニーは先生だよ。」

書きことば「私はトニーさんが先生であるということを知っています。」のようになるのです。

英語では、is の右側に単語の数が多い方が自然な英語だと考えられているので、〔It's ～ that ＋完全な英文.〕のパターンをとることが多い法則

例題 1　次の例文を It's ～ that ～ . の完全な英文に書きかえてください。

That Tony is a teacher is true.

（トニーさんが先生であるということは本当です。）

____

肯定文のときは、A and B（A と B）、
否定文のときは、A or B（A も B も）をあらわす法則

例題 2　次の（　　　）に適語を入れてください。

（1）あおいさんは歌っておどれる。

Aoi (　　　　) sing (　　　　) dance.

（2）私は歌もおどりもできません。

I (　　　　) sing (　　　　) dance.

話しことばでは、（　　　　）を省略し、（　　　　）では、〔（　　　　）＋完全な英文〕にする法則

話しことばは、〔言いたいことを言って、つぎたすように話をする〕。書きことばは、〔考えて書くので、（　　　）を省略せずに文法的に正しい書き方をする〕。日本語でも英語でも同じです。

（例）

話しことば「私は知っているよ、トニーは先生だよ。」

書きことば「私は（　　　　　　　　　　　　）を知っています。」

のようになるのです。

英語では、is の（　　　　）に単語の数が（　　　　）方が（　　　　）な英語だと考えられているので、〔（　　　　）～（　　　　）＋完全な英文.〕のパターンをとることが多い法則

解 答 例題１

That Tony is a teacher is true.

It’s true that Tony is a teacher.

肯定文のときは、A（　　　　）B（　　　　）、否定文のときは、A（　　　　）B（　　　　）をあらわす法則

解 答 例題２

（１）あおいさんは歌っておどれる。
Aoi (can) sing (and) dance.

（２）私は歌もおどりもできません。
I (can’t) sing (or) dance.

A（⤴）or B（⤵）は、どちらかを選び、A（⤴）or B（⤴）は、「A か B などほかのもの）」をあらわす法則

例題 1　次の（　　　）に矢印（⤴）（⤵）のどちらかを入れてください。

（1）紅茶になさいますか、それともコーヒーになさいますか。
Would you like tea (　　　) or coffee (　　　)?

（2）紅茶、コーヒーなどほかにもありますが、どうなさいますか。
Would you like tea (　　　) or coffee (　　　)?

A（⤴）or B（⤵）の or は〔オアァ〕
A（⤴）or B（⤴）の or は〔アァ〕のように弱く言う法則

例題 2　or には、読み方が 2 種類あります。2 つのうちのどちらか選ぶときは、どのように読みますか。

学校英語では、〔that ＋完全な英文〕の部分を切らずに一気に読むことになっている法則

例題 3　次の英語を一回切るとき、どの単語の次で切りますか。切る所に｜を入れてください。

I know that Tony is a teacher.

A（　　　）or B（　　　）は、どちらかを選び、A（　　　）or B（　　　）は、「A か B などほかのもの」をあらわす法則

解答 例題１

紅茶になさいますか、それともコーヒーになさいますか。

Would you like tea（↗）or coffee（↘）?

紅茶、コーヒーなどほかにもありますが、どうなさいますか。

Would you like tea（↗）or coffee（↗）?

A（↗）or B（↘）の or は〔　　　〕
A（↗）or B（↗）の or は〔　　　〕のように弱く言う法則

解答 例題２

or をオアァのように強く読みます。

学校英語では、〔（　　　）＋（　　　）〕の部分を（　　　）一気に読むことになっている法則

解答 例題３

know の次で切ります。

I know | that Tony is a teacher.

練習問題

〔1〕次の（　　　）に適語を入れてください。

私が帰宅したとき、あなたはテレビを見ていました。

（1）(　　　　) I came home, you were watching TV.

（2）You were watching TV (　　　　) I came home.

解答と解説

（1）When

（2）when

（1）完全な英文＋接続詞＋完全な英文
（2）接続詞＋完全な英文,（コンマ）完全な英文
文と文を結びつける接続詞には、２つのパターンがある法則

〔2〕次の（　　　）に適語を入れてください。

もしあす雨が降れば、私は家にいますよ。

（1）(　　　　) it (　　　　) tomorrow, I (　　　　) stay home.

（2）I (　　　　) stay home (　　　　) it (　　　　) tomorrow.

解答と解説

（1）If / rains / will

（2）will / if / rains

when や if などの接続詞がきている完全な英文があるときは、未来のことでも現在形を使う法則

〔3〕次の(　　　)に適語を入れてください。

(1) 寒いけれども、私は外に出かけますよ。

(　　　　) it's cold, I will go out.

(2) 寒いです。しかし、私は外に出かけますよ。

It's cold, (　　　　) I will go out.

解答と解説

(1) Though　　(2) but

完全な英文、〔but (しかし) ＋完全な英文.〕と〔Though (けれども) ＋完全な英文，完全な英文.〕でほとんど同じ内容をあらわせる法則

〔4〕次の(　　　)に適語を入れてください。

(1) あなたと私は友だちです。

You (　　　　) I (　　　　) friends.

(2) 私は勉強します。　そして、テレビを見ます。

I study (　　　　) watch TV.

解答と解説

(1) and / are　　(2) and

A and B (A と B) のようにして同じ種類のことばをつなぐことができる法則

〔5〕次の(　　　)に適語を入れてください。

(1) なぜあなたは日本語を勉強しているのですか。

(　　　　) do you study Japanese?

(2) なぜならば、私は日本に行きたいからです。

(　　　　) I want to go to Japan.

(3) 日本に行くためです。

(　　　　) go to Japan.

《ヒント》日本語 Japanese[ヂェァパァ ニーズッ]　日本 Japan〔ヂァ ペァンヌ〕

解 答 と 解 説

（1）Why　（2）Because　（3）To

Why〔ワーィ〕と聞かれたときは、Because〔ビコーズッ〕のほかにTo（〜するために）を使うこともできる法則

〔6〕次の（　　　）に適語を入れてください。

（1）私は読み書きができます。

I can read (　　　　) write.

（2）私は読みも書きもできません。

I can't read (　　　　) write.

解 答 と 解 説

（1）and

（2）or

どちらも、

肯定文のときは、A and B（AとB）、否定文のときは、A or B（AもBも）をあらわす法則

を使うと解けます。

〔7〕次の（　　　）に矢印を入れてください。〔例〕（↘）（↗）

これはあなたのペンですか、それとも私のものですか。

Is this your pen ①（　　　　）or mine　②（　　　　）?

解 答 と 解 説

①↗　②↘

A（↗）or B（↘）は、どちらかを選ぶ法則

を使えば解けます。

〔8〕次の英文の意味を書いてください。

（1）Would you like tea（↗）or coffee（↘）?

______

（2）Would you like tea（↗）or coffee（↗）?

______

解答と解説

（1）紅茶になさいますか、それともコーヒーになさいますか。

（2）紅茶、コーヒーなどほかにもありますが、どうなさいますか。

（1）と（2）は

A（↗）or B（↘）はどちらかを選び、A（↗）or B（↗）は、「A か B などほかのもの」をあらわす法則

を使うと解けます。

12 There is [are] 構文の正しい使い方を覚えよう

A（あるもの　または人）がB（どこどこ）にある〔いる〕をあらわすときに、There is〔A〕in〔B〕．を使う法則

例題 1　次の（　　　）に適語を入れてください。

私の部屋には窓が 1 つあります。

(　　　　) (　　　　) a window (　　　　) my room.

a ＋名詞ならば is、名詞 s ならば are の法則

例題 2　次の（　　　）に適語を入れてください。

私の部屋には窓が 2 つあります。

(　　　　) (　　　　) two (　　　　) (　　　　) my room.

数えられない名詞の場合には、いつも is を使う法則

例題 3　次の（　　　）に適語を入れてください。

このポットには少しのミルクが入っています。

(　　　　) (　　　　) a little milk (　　　　) this pot.

is〔are〕に「ある」または「いる」という意味があり、There には特別な意味がない法則

例題 4　次の英文の中のどの単語が主語になっているかこたえてください。

私たちの教室には、柱時計があります。

There is a clock in our classroom.

There is の There は弱く読みますが、「そこに」という意味の there は強く読む法則

例題 5　次の英語の中に強く読む there があります。下線を引いてください。

There is a teacher there.

A（あるもの　または人）がB（どこどこ）にある［いる］をあらわすときに、（　　　　）（　　　　）〔A〕（　　　　）〔B〕．を使う法則

解 答 例題１

私の部屋には窓が１つあります。

(There) (is) a window (in) my room.

a＋名詞ならば（　　　　）、名詞 s ならば（　　　　）の法則

解 答 例題２

私の部屋には窓が２つあります。

(There) (are) two (windows) (in) my room.

（　　　　）名詞の場合には、いつも（　　　　）を使う法則

解 答 例題３

このポットには少しのミルクが入っています。

(There) (is) a little milk (in) this pot.

is〔are〕に「　　　　」または「　　　　」という意味があり、（　　　　）には特別な意味が（　　　　）法則

解 答 例題４

a clock が主語になります。

There is の（　　　　）は（　　　　）読みますが、「　　　　」という意味の there は（　　　　）読む法則

解 答 例題５

There is a teacher <u>there</u>.

はっきりした〔もの〕または〔人〕が〔どこどこにある〕または〔いる〕をあらしているときは、There is〔are〕～. 構文は使えない法則

例題1　次の日本語を英語に直すときは、There is 構文を使えるときは〔O〕、そうでないときは〔×〕をつけてください。

（1）〔　　　　　〕東京タワーは東京にあります。
（2）〔　　　　　〕私のカバンは私のベッドの上にあります。

例題2　次の日本語を英語に直してください。

（1）東京タワーは東京にあります。

（2）私のカバンは私のベッドの上にあります。

物ではなく、ある人またはある動物がどこどこにいるをあらわすときは、Two cats are in our garden. と There are two cats in our garden. の 2 種類の言い方ができる法則

例題3　次の英語は不自然な英語です。まず、その理由をこたえてください。次に自然な英語に書きかえてください。

A book is on my desk.

〔不自然な理由〕

____

〔自然な英語〕

____

(　　　　)〔もの〕または〔人〕が〔どこどこにある〕または〔　　　　〕をあらわしているときは、There is〔are〕～. 構文は(　　　　)法則

解 答 例題1

(1)〔×〕東京タワーは東京にあります。

(2)〔×〕私のカバンは私のベッドの上にあります。

解 答 例題2

(1) 東京タワーは東京にあります。

Tokyo Tower is in Tokyo.

(2) 私のカバンは私のベッドの上にあります。

My bag is on my bed.

(　　　　)ではなく、ある(　　　　)またはある動物がどこどこにいるをあらわすときは、Two cats (　　　　) in our garden. と(　　　　)(　　　　) two cats in our garden. の2種類の言い方ができる法則

解 答 例題3

A book is on my desk.

〔不自然な理由〕

ある人またはある動物がどこどこにいる場合は、このパターンで英語に直せるが、ある物からはじまっている英語は不自然な言い方なので、There is[are] ～. 構文を使って書きかえた方がよい。

〔自然な英語〕

There is a book on my desk.

have には、（There is [are] ～ .）の意味があるので、A（大きいもの）has B（小さいもの）. = There is[are] B (in) A. で同じ意味をあらわすことができる法則

(例題 1) 次の日本語を英語にしてください。

私の部屋には窓が 2 つあります。

（1）〔My からはじめて〕

______________________________ .

（2）〔There からはじめて〕

______________________________ .

（A has B.）のパターンは、（一時的）ではなく（ずっとあるもの）のみに使う法則

(例題 2) 次の英語が A has B. のパターンを使えない理由をこたえてください。

Our garden has two cats.

____

A is in B. を There is A in B. に言いかえができるように、is のかわりに動詞を置いても同じように言いかえることができる法則

(例題 3) 次の英文を There からはじまる英文に書きかえてください。

A man lived in Tamba-Sasayama.

（ある男の人が丹波篠山に住んでいました。）

There ______________________________ .

have には、((　　　　)(　　　　)[are] ～.) の意味があるので、(A (　　　) has B (小さいもの). = There is[are] B (　　　) A. で同じ意味をあらわすことができる法則

解答 例題1

私の部屋には窓が2つあります。

(1)〔My からはじめて〕

My room has two windows.

(2)〔There からはじめて〕

There are two windows in my room.

(A (　　　) B.) のパターンは、(　　　　) ではなく (　　　　　　) のみに使う法則

解答 例題2

Our garden has two cats.

〔A has B.〕のパターンは、一時的ではなくずっとあるもののみに使う法則にあてはまっていないから。

A is in B. を There is A in B. に言いかえができるように、is のかわりに(　　　) を置いても同じように言いかえることができる法則

解答 例題3

A man lived in Tamba-Sasayama.

(ある男の人が丹波篠山に住んでいました。)

There lived a man in Tamba-Sasayama.

下線部を問う文を練習すると英語力がつく法則

（例題 1） 次の指示にしたがって英文を書きかえてください。

〔疑問文に〕

There are five stations in Tamba-Sasayama.

____

〔下線部を問う文に〕

There are <u>five stations</u> in Tamba-Sasayama.

____

〔疑問文に〕

Tamba-Sasayama has five stations.

____

〔下線部を問う文に〕

Tamba-Sasayama has <u>five stations</u>.

____

（例題 2） There を使って日本文を英文にしてください。

（1）丹波篠山には駅が 5 つありますか。

____

（2）丹波篠山にはいくつ駅がありますか。

____

（3）丹波篠山には駅が 5 つありますか。

____

（4）丹波篠山にはいくつ駅がありますか。

____

下線部を（　　　　）文を練習すると英語力がつく法則

解答　例題１

〔疑問文に〕

There are five stations in Tamba-Sasayama.

Are there five stations in Tamba-Sasayama?

〔下線部を問う文に〕

There are five stations in Tamba-Sasayama.

How many stations are there in Tamba-Sasayama?

〔疑問文に〕

Tamba-Sasayama has five stations.

Does Tamba-Sasayama have five stations?

〔下線部を問う文に〕

Tamba-Sasayama has five stations.

How many stations does Tamba-Sasayama have?

解答　例題２

（１）Are there five stations in Tamba-Sasayama?

（２）How many stations are there in Tamba-Sasayama?

（３）Does Tamba-Sasayama have five stations?

（４）How many stations does Tamba-Sasayama have?

練習問題

〔1〕次の（　　　）に適語を入れてください。

（1）この教室には 20 人の学生がいます。

(　　　　) are twenty students (　　　　) this classroom.

（2）この教室には 20 人の学生がいますか。

(　　　　) (　　　　) twenty students (　　　　) this classroom?

（3）この教室には何人の学生がいますか。

(　　　) (　　　) (　　　) (　　　) (　　　) in this classroom?

解 答 と 解 説

（1）There / in　（2）Are there / in

（3）How many students are there

下線部を問う文を練習すると英語力がつく法則

〔2〕次の日本文を 2 種類の英文にしてください。

この教室には窓が 4 つあります。

（1）(　　　) (　　　) four windows (　　　) this classroom.

（2）This classroom (　　　　) four windows.

解 答 と 解 説

（1）There are / in　（2）has

have には、(There is [are] ～ .) の意味があるので、A (大きいもの) has B (小さいもの). ＝ There is B in A. で同じ意味をあらわすことができる法則

〔3〕次の英文が文法的に正しければ〔O〕、まちがっていれば〔×〕を入れてください。

（1）〔　　〕There is Tokyo Tower in Tokyo.

（東京に東京タワーがあります。）

（2）〔　　〕Tokyo Tower is in Tokyo.

（東京タワーは東京にあります。）

（３）〔　　〕My bag is on my bed.
（私のカバンは私のベッドの上にあります。）

解答と解説
（１）×　（２）O　（３）O

はっきりした〔もの〕または〔人〕が〔どこどこにある〕または「いる」をあらわしているときは、There is [are] ～ . 構文は使えない法則

〔４〕次の英文を There からはじまる英文に書きかえてください。
（１）Two cats are in our garden.
（２ひきのネコが私たちの庭にいます。）
＿＿＿＿＿＿＿＿＿＿＿＿＿＿＿＿＿＿.
（２）A man lived in Kyoto.
（ある男の人が京都に住んでいました。）
＿＿＿＿＿＿＿＿＿＿＿＿＿＿＿＿＿＿.
（３）A teacher came into our classroom.
（ある先生が私たちの教室に入って来ました。）
＿＿＿＿＿＿＿＿＿＿＿＿＿＿＿＿＿＿.
（４）Two girls are swimming over there.
（２人の少女があそこで泳いでいます。）
＿＿＿＿＿＿＿＿＿＿＿＿＿＿＿＿＿＿.

解答と解説
（１）There are two cats in our garden.
（２）There lived a man in Kyoto.
（３）There came a teacher into our classroom.
（４）There are two girls swimming over there.

A is in B. を There is A in B. に言いかえができるように、is のかわりに動詞を置いても同じように言いかえることができる法則

13 不定詞と動名詞の使い方をマスターしよう

1つの英文の中に動詞　または　be 動詞が2つくるときは、2つめの動詞または be 動詞の前に to を置く法則

例題1　次の英文を文法的に完全な英文にしてください。

（1）私はあなたに会えてうれしい。

私はうれしい　〈なぜ〉　会えて　〈だれに〉　あなたに
I am happy　　see　　you

____

（2）私はこの本を買うためにここに来ました。

私は来ました　ここに　〈何のために〉　買う　〈何を〉　この本
I came here　　buy　　this book

____

不定詞には、名詞的用法、形容詞的用法、副詞的用法の3つがあり、〈何が〔を〕〉という疑問が生まれたら名詞、〈どんな〉という疑問が生まれたら　形容詞、〈なぜ〉　または　〈何のために〉という疑問が生まれたら副詞、と考えればよい法則

例題2　次の下線部の to のところで、どんな疑問が生まれているかを〔　　　〕の中に書いてください。

（1）I am happy to see you.

〔　　　〕

（2）I came here to buy this book.

〔　　　〕

1つの英文の中に（　　　）　または　（　　　）が２つくるときは、２つめの（　　）または（　　　）の前に（　　）を置く法則

解答 例題１

（1）私はあなたに会えてうれしい。

私はうれしい　〈なぜ〉　会えて　〈だれに〉　あなたに

I am happy　　see　　you

I am happy to see you.

（2）私はこの本を買うためにここに来ました。

私は来ました　ここに　〈何のために〉　買う　〈何を〉　この本

I came here　　buy　　this book

I came here to buy this book.

不定詞には、名詞的用法、形容詞的用法、副詞的用法の３つがあり、〈何が〔を〕〉という疑問が生まれたら（　　　）、〈どんな〉という疑問が生まれたら、（　　　）、〈なぜ〉　または　〈何のために〉という疑問が生まれたら（　　　）、と考えればよい法則

解答 例題２

（1）I am happy to see you.
〔なぜ〕

（2）I came here to buy this book.
〔何のために〕

want to となっていたら「〜したい」、I'd like to となっていたら「（できれば）私は〜させていただきたい」となり、'd は、would または should の省略形だの法則

（例題 1） 次の（　　　）に適語を入れてください。

（1）私はあなたといっしょにテニスをしたい。

I (　　　) (　　　) play tennis (　　　) you.

（2）（できれば）私はあなたといっしょにテニスをさせていただきたい。

I (　　　) (　　　) (　　　) play tennis (　　　) you.

like to には、「〜するのが好きだ」と「〜したい」という意味がある法則

（例題 2） 次の（　　　）に適語を入れてください。

（1）私は泳ぐのが好きです。

I (　　　) (　　　) swim.

（2）私は泳ぎたくない。

I (　　　) (　　　) (　　　) swim.

I want to eat something.（私は何か食べたい。）と I want something to eat.（私は何か食べるものがほしい。）はどちらも同じ意味をあらわしている法則

（例題 3） 次の（　　　）に適語を入れてください。

（1）私は何か飲みたい。

I (　　　) (　　　) drink (　　　).

（2）私は何か飲むものがほしい。

I (　　　) (　　　) (　　　) drink.

（3）（できれば）私は何か飲ませていただきたい。

I (　　　) (　　　) (　　　) drink (　　　).

（4）（できれば）私は何か飲みものをいただきたい。

I (　　　) (　　　) (　　　) (　　　) drink.

（　　　　）（　　　　）となっていたら「～したい」、I'd（　　　　）（　　　　）となっていたら「（できれば）私は～させていただきたい」となり、'd は、（　　　　）　または should の省略形だの法則

解 答 例題 1

（１）私はあなたといっしょにテニスをしたい。

I (want) (to) play tennis (with) you.

（２）（できれば）私はあなたといっしょにテニスをさせていただきたい。

I('d) (like) (to) play tennis (with) you.

like to には、「（　　　　　　　　）」と「（　　　　　　　　）」という意味がある法則

解 答 例題 2

（１）私は泳ぐのが好きです。

I (like) (to) swim.

（２）私は泳ぎたくない。

I (don't) (like) (to) swim.

I（　　　　）（　　　　）eat something.（私は何か食べたい。）と I（　　　　）something to eat.（私は何か食べるものがほしい。）はどちらも同じ意味をあらわしている法則

解 答 例題 3

（１）私は何か飲みたい。

I (want) (to) drink (something).

（２）私は何か飲むものがほしい。

I (want) (something) (to) drink.

（３）（できれば）私は何か飲ませていただきたい。

I('d) (like) (to) drink (something).

（４）（できれば）私は何か飲みものをいただきたい。

I('d) (like) (something) (to) drink.

eat something（何かを食べる）、something to eat（何か食べるもの）のように考えれば、不定詞の形容詞的用法を理解できる法則

例題 1　次の英文を、名詞のはたらきをするかたまりに書きかえてください。

（1）何かを飲む　→　何か飲むもの
　　drink something　→
（2）何か冷たいものを飲む　→　何か冷たい飲みもの
　　drink something cold　→

〔名詞 ＋ to ＋ 動詞〕で、名詞を説明している形容詞的用法の場合は、好きなように訳してもよい法則

例題 2　次の英語を（1）ための（2）〜すべき　（3）〜なければならないの日本語を使って訳してください。

a book to read
（1）
（2）
（3）

〔動詞＋前置詞＋名詞〕で成り立つ英文を to 不定詞を使って書きかえると、〔名詞＋ to ＋動詞＋前置詞〕になる法則

例題 3　次の英文を、名詞のはたらきをするかたまりに書きかえてください。

私の友だちといっしょに遊ぶ
　→いっしょに遊ぶ私の友だち
play with my friends
　→（　　　）（　　　）（　　　）（　　　）（　　　）

（　　　　）（　　　　）（何かを食べる）、（　　　　）（　　　　）（　　　　）（何か食べるもの）のように考えれば、不定詞の（　　　　）的用法を理解できる法則

解答 例題１

（１）何かを飲む → 何か飲むもの
drink something → something to drink

（２）何か冷たいものを飲む → 何か冷たい飲みもの
drink something cold → something cold to drink

〔名詞＋（　　　　）＋（　　　　）〕で、名詞を説明をしている形容詞的用法の場合は、好きなように訳してもよい法則

解答 例題２

a book to read

（１）読むための１冊の本

（２）読むべき１冊の本

（３）読まなければならない１冊の本

〔動詞＋前置詞＋名詞〕で成り立つ英文を to 不定詞を使って書きかえると、〔（　　　　）＋（　　　　）＋（　　　　）＋（　　　　）〕になる法則

解答 例題３

私の友だちといっしょに遊ぶ
→ いっしょに遊ぶ私の友だち

play with my friends
→ (my) (friends) (to) (play) (with)

形容詞的用法を理解するために、2つの英文を1つにする方法でマスターすればよい。その例として1つめの名詞の部分と、2つめにくるほとんど同じ意味の名詞の部分を消して、2つめのIをtoに書きかえると1つの完全な英文にすることができる法則

（例題1） 次の2つの英文を上の法則を使って1つにしてください。

I want a chair. ＋ I sit on the chair.

（私はいすが1脚ほしい。） （私はそのいすに座る。）

（私は座るためのいすが1脚（きゃく）ほしい。）

---

to不定詞の副詞的用法は、よく意味がわかる英文にto＋動詞を使って、つけ加えられているので、to＋動詞の部分を手で隠（かく）しても、残りの英文だけで意味がわかる法則

（例題2） 次の英文のtoからあとの部分を手で隠して、意味がわかるかを確認して、副詞的用法に当てはまっているかをこたえてください。

（1）私はあなたに会えてうれしいですよ。

I am happy to see you.

（2）私はあなたに会うためにここに来ました。

I came here to see you.

形容詞的用法を理解するために、2つの英文を1つにする方法でマスターすればよい。その例として1つめの名詞の部分と、2つめにくるほとんど同じ意味の名詞の部分を（　　　　）、2つめのIを（　　　　）に書きかえると1つの完全な英文にすることができる法則

解 答 例題1

I want a chair. ＋ I sit on the chair.
（私はいすが1脚ほしい。） （私はそのいすに座る。）

（私は座るためのいすが1脚（きゃく）ほしい。）
I want a chair to sit on.

to不定詞の副詞的用法は、よく意味がわかる英文に（　　　　）＋（　　　　）を使って、つけ加えられているので、（　　　　）＋（　　　　）の部分を手で隠（かく）しても、残りの英文だけで（　　　　）がわかる法則

解 答 例題2

（1）私はあなたに会えてうれしいですよ。
I am happy to see you.
I am happy. で私はうれしい。という意味のよくわかる英文になっているので、to以下の英語がつけ加えであることから、副詞的用法であることがわかる。

（2）私はあなたに会うためにここに来ました。
I came here to see you.
I came here. で私はここに来た。という意味のよくわかる英文になっているので、to以下の英語がつけ加えであることから、副詞的用法であることがわかる。

副詞的用法の不定詞の英文を日本語に直したいときは、to ＋ 動詞＋単語の部分の前の英文を日本語に訳して、そこでどんな疑問が生まれるのかを考え、その疑問にこたえるように日本語にすればよい法則

例題 1　次の〈　　　　〉の部分にどんな疑問が生まれるかを入れてから、自然な日本語にしてください。

I am happy　　　　　　　　　to see you
私はうれしい　〈　　　　　〉　あなたに会う
〔自然な日本語〕

I came here　　　　　　　　　to see you.
私はここに来た　〈　　　　　〉　あなたに会う
〔自然な日本語〕

動詞を〔to ＋動詞〕または〔動詞の ing 形〕にすると、名詞のはたらきをする語句または単語（文法用語で動名詞）になる法則

例題 2　次の動詞を名詞のはたらきをする英語に直してください。

《ヒント》泳ぐ swim
泳ぐこと
（1）
（2）

英語をじょうずに話す
speak English well
英語をじょうずに話すこと
（1）
（2）

副詞的用法の不定詞の英文を日本語に直したいときは、to ＋動詞＋単語の部分の（　　　　）の英文を（　　　　）訳して、そこで（　　　　）が生まれるのかを考え、（　　　　）にこたえるように日本語にすればよい法則

解 答 例題１

I am happy　　　　to see you
私はうれしい　〈なぜ〉　あなたに会う
〔自然な日本語〕
私はあなたに会えてうれしい。

I came here　　　　　　to see you
私はここに来た　〈何のために〉　あなたに会う
〔自然な日本語〕　私はあなたに会うためにここに来ました。

動詞を〔（　　　　）＋（　　　　）〕または〔（　　　　）〕にすると、（　　　　）のはたらきをする語句または単語（文法用語で（　　　　））になる法則

解 答 例題２

泳ぐこと
（１）to swim
（２）swimming

英語をじょうずに話す
speak English well
英語をじょうずに話すこと
（１）to speak English well
（２）speaking English well

to 不定詞を好む動詞は、思いが未来に向かっていると考えればよい法則

(例題 1) 次の（　　　）に適語を入れてください。

（1）私は泳ぎたい。

I (　　　　) (　　　　) swim.

（2）泳ごうと努力しなさい。

Try〔チュ ラーィ〕(　　　　) swim.

2 つめの動詞の方が先に起こっていて、1 つめの動詞があとから起こると考えると、意味がよくわかるときは、動詞の ing 形を好む動詞と考えればよい法則

(例題 2) 次の ＿＿ に適語を入れてください。

（1）泳ぐのを楽しみましょう。

Let's enjoy ＿＿＿＿＿＿＿＿＿＿.

《ヒント》～を楽しむ　enjoy〔インヂョーィ〕

（2）泳ぐのをやめましょう。

Let's stop ＿＿＿＿＿＿＿＿＿＿.

《ヒント》～をやめる　stop〔スタッ プッ〕

（3）泳ぐのを終えましょう。

Let's finish ＿＿＿＿＿＿＿＿＿＿.

《ヒント》～を終える finish〔フィ ニッ シッ〕

～を好む　like〔ラーィクッ〕、～をはじめる　begin〔ビギンヌ〕は to ＋動詞と動詞の ing 形をとる法則

(例題 3) 動詞の ing 形と to ＋動詞のどちらもとる動詞を 2 つこたえてください。

（1）

（2）

to 不定詞を好む動詞は、思いが（　　　　）に向かっていると考えればよい法則

解 答 例題1

（1）私は泳ぎたい。
I (want) (to) swim.

（2）泳ごうと努力しなさい。
Try (to) swim.

2 つめの動詞の方が（　　　　）起こっていて、1 つめの（　　　　）があとから起こると考えると、意味がよくわかるときは、（　　　　）の ing 形を好む動詞と考えればよい法則

解 答 例題2

（1）泳ぐのを楽しみましょう。
Let's enjoy swimming.　［考え方］泳ぐ、そして楽しむ、なので～ing

（2）泳ぐのをやめましょう。
Let's stop swimming.　［考え方］泳ぐ、そしてやめる、なので～ing

（3）泳ぐのを終えましょう。
Let's finish swimming.　［考え方］泳ぐ、そして終える、なので～ing

～を好む（　　　　）、～をはじめる（　　　　）は（　　　　）＋動詞と動詞の（　　　　）をとる法則

解 答 例題3

（1）like
（2）begin

am fond of のように 前置詞が最後にきているときは、名詞の前に置くことばの of がきているので、of の次には名詞のはたらきをすることばの動詞の ing 形（文法用語で動名詞）がくる法則

例題 1　次の（　　　）に適語を入れてください。

私は泳ぐのが好きです。

I am fond (　　　) (　　　).

try to swim は、泳ごうと努力する、try swimming は「泳いでいる」と仮定して「ためしに泳いでみる」と考えればよい法則

例題 2　次の日本語を英語にしてください。

（1）英語を話そうと努力をしなさいよ。

____

（2）ためしに英語を話しなさいよ。

____

stop smoking は「タバコをすうのをやめる」stop to smoke は、「タバコをすうために立ち止まる」と覚えればよい法則

例題 3　次の英語を日本語にしてください。

Stop to smoke. ______________________________

Stop smoking. ______________________________

「〜をするために」という意味の to のかわりに and で置きかえることができる法則

例題 4　次の日本語を英語にしてください。

タバコをすうために立ち止まる ______________________________

立ち止まって、タバコをすう ______________________________

am fond of のように（　　　　）が最後にきているときは、名詞の（　　　　）に置くことばの（　　　　）がきているので、of の次には（　　　　）のはたらきをすることばの（　　　　）の ing 形（文法用語で（　　　　））がくる法則

解 答 例題 1

私は泳ぐのが好きです。

I am fond (of) (swimming).

（　　　　）（　　　　）swim は、泳ごうと（　　　　）、（　　　　）swimming は「泳いでいる」と仮定して「（　　　　　　　　）」と考えればよい法則

解 答 例題 2

（1）英語を話そうと努力をしなさいよ。

Try to speak English.

（2）ためしに英語を話しなさいよ。

Try speaking English.

（　　　　）（　　　　）は「タバコをすうのをやめる」（　　　　）（　　　　）（　　　　）は「タバコをすうために立ち止まる」と覚えればよい法則

解 答 例題 3

Stop to smoke.　　タバコをすうために立ち止まりなさい。

Stop smoking.　　タバコをすうのをやめなさい。

「　　　　　　　　」という意味の to のかわりに（　　　　）で置きかえることができる法則

解 答 例題 4

タバコをすうために立ち止まる　　stop to smoke

立ち止まって、タバコをすう　　stop and smoke

「～すること」を〔to ＋動詞〕、〔動詞の ing 形〕であらわすことができるが、未来のことをあらわしているときは to を、過去から今のことをあらわしているときは動詞の ing 形を使って区別する方がよいが、中学校などのテストでは、どちらをこたえにしても正解になる法則

例題 1　次の日本語を英語にするとき、to ＋動詞か～ ing のどちらがよりふさわしいか、その理由を ______ に、そして（　　　）には英語を書いてください。

（1）私の趣味(しゅみ)は料理をすることです。〔to cook、cooking〕

____

My hobby is (　　　　　　　　　　)

（2）私の夢はパイロットになることです。〔to be、being]

____

My dream is (　　　　　　　　　　)

「～になること」to become をあらわすときは、「なること」に重点を置いており、to be はなってからずっと、という意味で使い分けるとよい法則

例題 2　～になること、を２種類の英語であらわしてください。

（1）______________________

（2）______________________

hobby（趣味）は、努力している場合以外は使わない方がよい。watching baseball（野球を見ること）は like（好きです）を使い、playing baseball（野球をすること）は hobby になる法則

例題 3　次の ______ に、watching baseball と playing baseball のどちらかを入れてください。

（1）I like ______________________.

（2）My hobby is ______________________.

「～すること」を〔(　　)＋動詞〕、〔動詞の(　　　)〕であらわすことができるが、(　　　　)のことをあらわしているときは(　　　　)を、(　　　　)から今のことをあらわしているときは動詞の ing 形を使って区別する方がよいが、中学校などのテストでは、どちらをこたえにしても正解になる法則

解答 例題１

（１）過去から今のことをあらわしているので動詞の ing 形を使う方がよい。
私の趣味(しゅみ)は料理をすることです。〔to cook、cooking〕
My hobby is (cooking).

（２）未来のことをあらわしているので、to ＋ 動詞 を使う方がよい。
私の夢はパイロットになることです。〔to be、being〕
My dream is (to be a pilot).

「～になること」を(　　　　)(　　　　)とあらわすときは、「(　　　　)」に重点を置いており、(　　　)(　　　)はなってからずっと、という意味で使い分けるとよい法則

解答 例題２

（１）to become

（２）to be

hobby(趣味)は、(　　　　　)場合以外は使わない方がよい。
(　　　　)(　　　　)(野球を見ること)は like(好きです)を使い、
(　　　　)(　　　　)(野球をすること)は hobby になる法則

解答 例題３

（１）I like watching baseball.

（２）My hobby is playing baseball.

英語では、is の左側よりも右側にたくさんの単語がある方が、自然な英語であるという考え方から To swim を It で置きかえるのがふつうである法則

To swim is easy. → It is easy to swim.

（泳ぐことはかんたんです。）（それはかんたんですよ。泳ぐことはね。）

例題 1　次の英語を It is ～ . の英文に書きかえてください。

To swim well is hard.（じょうずに泳ぐことはむずかしい。）

「私にとってじょうずに泳ぐことは」を for me to swim well であらわすことができる法則

例題 2　次の英文を It is ～ . で書きかえてください。

私にとってじょうずに泳ぐことはかんたんです。

For me to swim well is easy.

---

how to swim で「どのように泳ぐべきかということ」という意味から、泳ぐ方法、泳ぎ方という意味が生まれている法則

例題 3　次の日本語を英語に直してください。

私は泳ぎ方を知りません。

---

how〔when、where〕＋ to ＋動詞は、to 不定詞の名詞的用法であると覚えるとよい法則

例題 4　次の（　　　）に適語を入れてください。

いつ泳ぐべきかということ　（　　　）（　　　）（　　　）

どこで泳ぐべきかということ　（　　　）（　　　）（　　　）

どのように泳ぐべきかということ　（　　　）（　　　）（　　　）

英語では、is の（　　　）よりも（　　　）にたくさんの単語がある方が、自然な英語であるという考え方から To swim を（　　　）で置きかえるのがふつうである法則
To swim is easy. →（　　）（　　）（　　）（　　）（　　）.
（泳ぐことはかんたんです。）（それはかんたんですよ。泳ぐことはね。）

解 答 例題1

To swim well is hard.（じょうずに泳ぐことはむずかしい。）
It's hard to swim well.

「私にとってじょうずに泳ぐことは」を（　　）（　　）（　　）（　　）（　　）であらわすことができる法則

解 答 例題2

私にとってじょうずに泳ぐことはかんたんです。
For me to swim well is easy.
It's easy for me to swim well.

（　　　）（　　　）（　　　）で「どのように泳ぐべきかということ」という意味から、泳ぐ（　　　）、（　　　）という意味が生まれている法則

解 答 例題3

私は泳ぎ方を知りません。
I don't know how to swim.

how〔（　　　）、（　　　）〕＋（　　　）＋動詞は、to 不定詞の（　　）用法であると覚えるとよい法則

解 答 例題4

いつ泳ぐべきかということ	(when) (to) (swim)
どこで泳ぐべきかということ	(where) (to) (swim)
どのように泳ぐべきかということ	(how) (to) (swim)

練習問題

〔1〕次の日本語はどちらの意味がよくわかるかをこたえてください。

（1）enjoy 泳ぐのを楽しむ

泳ぐそして楽しむ　enjoy swimming

楽しむそして泳ぐ　enjoy to swim

（2）finish　泳ぐのを終える

泳ぐそして終える　finish swimming

終えるそして泳ぐ　finish to swim

（3）stop　泳ぐのをやめる

泳ぐそしてやめる　stop swimming

やめるそして泳ぐ　stop to swim

（4）want 泳ぎたい

泳ぐそして〜したいという気持ちがある　want swimming

〜したい気持ちがあるそして泳ぐ　want to swim

（5）try　泳ごうと努力する

泳ぐそして努力する気持ちがある　try swimming

努力する気持ちがあるそして泳ぐ　try to swim

解 答 と 解 説

（1）泳ぐそして楽しむ　enjoy swimming

（2）泳ぐそして終える　finish swimming

（3）泳ぐそしてやめる　stop swimming

（4）〜したい気持ちがあるそして泳ぐ　want to swim

（5）努力する気持ちがあるそして泳ぐ　try to swim

2 つめの動詞の方が先に起こっていて、1 つめの動詞があとから起こると考えると、意味がよくわかるときは、動詞の ing 形を好む動詞と考えればよい法則

〔２〕次の（　　　）に適語を入れてください。

（１）私は何か飲みたい。　I want (　　　) drink (　　　).

（２）私は何か飲みものがほしい。　I want (　　　) (　　　) drink.

解答と解説

（１）to/something　（２）something to

I want to eat something.（私は何か食べたい。）と
I want something to eat.（私は何か食べるものがほしい。）
はどちらも同じ意味をあらわしている法則

〔３〕次の to 不定詞は、名詞的、形容詞的、副詞的のうちのどの用法かをこたえてください。

（１）I am happy to see you.　〔　　　　〕用法

（２）I came here to see you.　〔　　　　〕用法

（３）I know how to swim.　〔　　　　〕用法

（４）My dream is to be a pilot.　〔　　　　〕用法

（５）I want something to eat.　〔　　　　〕用法

（６）I want a book to read.　〔　　　　〕用法

解答と解説

（１）副詞的　（２）副詞的　（３）名詞的

（４）名詞的　（５）形容詞的　（６）形容詞的

（１）と（２）は、

to 不定詞の副詞的用法は、よく意味のわかる英文に to ＋動詞を使ってつけ加えられているので、to ＋動詞の部分を手で隠（かく）しても残りの英文だけで意味がわかる法則

（１）～（６）は、次の法則を使うと解けます。

何が〔何を〕という疑問が生まれたら、名詞、〈どんな〉という疑問が生まれたら、形容詞、なぜ　または　〈何のために〉という疑問が生まれたら、副詞、と考えればよい法則

〔4〕次の日本語を英語にしてください。

（1）私は泳ぎ方を知ってます。

____

（2）私はどこで泳ぐべきか知らないのです。

____

（3）私にとって泳ぐことはかんたんです。〔It is からはじめて〕

____

（4）私は泳ぐのが（とても）好きです。〔fond を使って〕

____

（5）私は写真をとるために立ち止まった。〔2 種類の英語で〕

____

解答と解説

（1）I know how to swim.

（2）I don't know where to swim.

（3）It's easy for me to swim.

（4）I am fond of swimming.

（5）① I stopped to take pictures.

② I stopped and took pictures.

（1）は、次の法則を使うと解けます。

how to swim で、泳ぎ方、泳ぐ方法という意味をあらわす法則

（1）と（2）は、次の法則を使うと解けます。

how〔when / where〕＋ to ＋動詞は、to 不定詞の名詞的用法であると覚えればよい法則

（3）は、

英語では is の左側よりも右側にたくさんの単語がある方が、自然な英語であるという考え方から To swim を it で置きかえるのがふつうである法則

「私にとってじょうずに泳ぐことは」for me to swim well であらわすことができる法則

を使うと解けます。

（4）は、

am fond of のように前置詞が最後にきているときは、名詞の前に置くことばの of がきているので、of の次には名詞のはたらきをすることばの動詞の ing 形（文法用語で動名詞）がくる法則

（5）は、

「～をするために」という意味の to のかわりに and で置きかえることができる法則

を使うと解けます。

〔5〕次の2つの英文を to を使って1つにしてください。

私はいすがほしい。　私はそのいすにすわる。

I want a chair.　I sit on the chair.

____

解答と解説

I want a chair to sit on.

形容詞的用法を理解するために、2つの英文を1つにする方法で、マスターすればよい。その例として1つめの名詞の部分と、2つめにくるほとんど同じ意味の名詞の部分を消して、2つめの I を to に書きかえると1つの完全な英文にすることができる法則

〔6〕次の英語を日本語にしてください。

（1）Let's stop to smoke. ______________________

（2）Let's stop smoking. ______________________

解 答 と 解 説

（1）タバコをすうために立ち止まりましょう。

（2）タバコをすうのをやめましょう。

stop smoking は、「タバコをすうのをやめる」stop to smoke は、「タバコをすうために立ち止まる」と覚えればよい法則

〔7〕次の ______ に適語を入れてください。

（1）英語を話そうと努力しなさいよ。

______________________ English.

（2）ためしに英語を話しなさいよ。

______________________ English.

解 答 と 解 説

（1）Try to speak

（2）Try speaking

try to swim は、泳ごうと努力する、try swimming は「泳いでいる」と仮定して「ためしに泳いでみる」と考えればよい法則

〔8〕次の ______ に適語を入れてください。

（1）私の夢は先生になることです。

My dream is ______________ a teacher.

（2）私の趣味はコインを集めることです。

《ヒント》～を集める collect〔コレクトゥッ〕

My hobby is ______________ coins.

（3）私は泳ぐことは好きです。

(a) I am fond of ____________.

(b) I like ______________.

(c) I like ________________.

解答と解説

（1）to be または to become　（2）collecting

（3）(a) swimming　(b) to swim　(c) swimming

（1）と（2）は、

「〜すること」を〔to ＋動詞〕、〔動詞の ing 形〕であらわすことができるが、未来のことをあらわしているときは to を、過去から今のことをあらわしているときは動詞の ing 形を使って区別する方がよいが、中学校などのテストではどちらのこたえにしても正解になる法則

（3）(a) は、

am fond of のように前置詞が最後にきているときは、名詞の前に置くことばの of がきているので、of の次には名詞のはたらきをすることばの動詞の ing 形（文法用語で動名詞）がくる法則

（3）(b)(c) は、

動詞を〔to ＋動詞〕　または　〔動詞の ing 形〕にすると、名詞のはたらきをする語句または単語（文法用語で動名詞）になる法則

を使うと解けます。

ここが大切

私は泳ぐことが好きです。

(1) I like to swim.

(2) I like swimming.

のどちらでも同じ意味だと中学校では習いますが、「私は泳ぎたくない。」のときは

(1) I don't like to swim.

(2) I don't want to swim.

このことからわかるのは、like と want はどちらも「〜がほしい」という意味をあらわしているということです。

I want this apple.	（私はこのリンゴがほしい。）
I'd like this apple.	（私はこのリンゴをいただきたい。）
I want to buy this apple.	（私はこのリンゴを買いたい。）
I'd like to buy this apple.	（私はこのリンゴを買わせていただきたいのです。）

14 比較について理解しよう

形容詞　または　副詞のうしろに er をつけると「もっと～」、est をつけると〔一番～〕、〔as [形容詞または副詞] as〕で「ーと同じぐらい～」をあらわす法則

例題 1　次の英語を日本語に訳してください。

（1）I am taller.

（2）I am the tallest.

（3）I am as tall as Tony.

1 人しかいない、1 つしかないという意味で the がついていると考えればよい法則

例題 2　I am the tallest. の the はどのような意味でついていると考えればよいかこたえてください。

～ er ＋ than（～よりも）、the ～ est ＋ in〔of〕（～の中で）をいっしょに使うことが多い。「1 つのかたまりの中で」なら in、of は「全体のうちの一部をあらわしている」ときは of を使う法則

例題 3　次の（　　　）に適語を入れてください。

（1）私はトニーよりも背が高い。

I am (　　　　) (　　　　) Tony.

（2）私は丹波篠山（たんばささやま）で一番背が高い。

I am (　　　　) (　　　　) (　　　　) Tamba-Sasayama.

（3）私は私たちみんなの中で一番背が高い。

I am (　　　　) (　　　　) (　　　　) us all.

形容詞　または　副詞のうしろに（　　　　）をつけると「もっと～」、（　　　　）をつけると〔一番～〕、〔（　　　）［形容詞／副詞］（　　　）〕で「一と同じぐらい～」をあらわす法則

解答 例題1

（1）I am taller.　　私の方が背が高い。
（2）I am the tallest.　　私は一番背が高い。
（3）I am as tall as Tony.　　私はトニーと同じぐらい背が高い。

（　　　　）しかいない、（　　　　）しかないという意味で（　　　　）がついていると考えればよい法則

解答 例題2

私は一番背が高い。ということは1人しかいないということなので、the がついている。

～er +（　　　　）（～よりも）、the ～（　　　）+ in〔　　〕（～の中で）をいっしょに使うことが多い。「1つのかたまりの中で」なら（　　　）、「全体のうちの一部をあらわしている」ときは（　　　）を使う法則

解答 例題3

（1）私はトニーよりも背が高い。
I am (taller) (than) Tony.
（2）私は丹波篠山で一番背が高い。
I am (the) (tallest) (in) Tamba-Sasayama.
（3）私は私たちみんなの中で一番背が高い。
I am (the) (tallest) (of) us all.

母音（ア、イ、ウ、エ、オ）の音が 2 つ以上ある形容詞は、～ er のかわりに more ～、the ～ est のかわりに the most ～を使う法則

（例）①美しい　beautiful〔ビューティフォー〕　②おもしろい　interesting〔インタゥレスティン・〕　③有名な　famous〔フェーィマスッ〕　④人気のある　popular〔パピュラァ〕　⑤役に立つ　useful〔ユースッフォー〕　⑥むずかしい　difficult〔ディフィカオトゥッ〕

（例題 1）次の（　　　）に適語を入れてください。

（1）このかばんは私のものよりも美しい。

This bag is (　　　　) (　　　　) than mine.

（2）佐知子さんは私たちのクラスの中で一番美しい。

Sachiko is (　　　　) (　　　　) (　　　　) (　　　　) our class.

形容詞の単語で y や le で終わっている単語は、more や most を使わずに～ er や～ est を使えばよいが、y で終わっている単語は y を i にしてから～ er や～ est をつける法則

（例）しあわせな happy〔ヘァピィ〕　→ happier、happiest

かんたんな easy〔イーズィ〕　→ easier、easiest

かんたんな simple〔スィンポー〕　→ simpler、simplest

（例題 2）次の単語を -er　または more を使った単語にしてください。

（1）easy　(　　　　)　（2）simple (　　　　)

（3）happy (　　　　)　（4）useful (　　　　)

「ゆっくり」slowly〔スローゥリィ〕のように -ly で終わる副詞は、more や most を使う法則

（例題 3）次の（　　　）に適語を入れてください。

（1）I speak (　　　　) (　　　　).

（私の方がもっとゆっくり話します。）

（2）I speak the (　　　　) (　　　　).

（私は一番ゆっくり話します。）

母音(ア、イ、ウ、エ、オ)の音が(　　　　)以上ある形容詞は、
～ er のかわりに(　　　　)～、the ～ est のかわりに(　　　　)
(　　　　)～を使う法則
(例) ①美しい　(　　　　　)　②おもしろい(　　　　　)
③有名な　(　　　　　)　④人気のある(　　　　　)
⑤役に立つ(　　　　　)　⑥むずかしい(　　　　　)

解 答 (例題1)

(1) このかばんは私のものよりも美しい。
This bag is (more) (beautiful) than mine.

(2) 佐知子さんは私たちのクラスの中で一番美しい。
Sachiko is (the) (most) (beautiful) (in) our class.

形容詞の単語で y や le で終わっている単語は、(　　　　)や
(　　　　)を使わずに(　　　　)や(　　　　)を使えばよいが、
y で終わっている単語は(　　　)を(　　　)にしてから(　　　　)
や(　　　　)をつける法則
(例) しあわせな happy　→〔　　　　〕、〔　　　　〕
かんたんな easy　→〔　　　　〕、〔　　　　〕
かんたんな simple　→〔　　　　〕、〔　　　　〕

解 答 (例題2)

(1) easy　(easier)　(2) simple　(simpler)
(3) happy　(happier)　(4) useful　(more useful)

「ゆっくり」slowly〔スローゥリィ〕のように(-　　　　)で終わる副詞は、
(　　　　)や(　　　　)を使う法則

解 答 (例題3)

(1) I speak (more) (slowly).
(私の方がもっとゆっくり話します。)

(2) I speak (the) (most) (slowly).
(私は一番ゆっくり話します。)

副詞の「よく」「じょうずに」well〔ウェオ〕、「とても」very much は better〔ベタァ〕、（the）best〔ベストゥッ〕のように変化する法則

（例題 1） 次の（　　　）に適語を入れてください。

（1）私はイヌがとても好きです。
I like dogs (　　　　　) (　　　　　).

（2）私はイヌの方が好きです。
I like dogs (　　　　　).

（3）私はイヌが一番好きです。
I like dogs (　　　　　) (　　　　　).

「よい」good〔グッ・〕という形容詞は、better、（the）best と変化する法則

（例題 2） 次の（　　　）に適語を入れてください。

（1）このペンは上等です。
This pen is (　　　　　).

（2）このペンの方が上等です。
This pen is (　　　　　).

（3）このペンは一番上等です。
This pen is (　　　　　) (　　　　　).

「一番」をあらわすとき、副詞のはたらきをする語句（手で隠して残りの英文で意味がわかるとき、隠している単語は副詞語句）には the をつけてもつけなくてもよいが、形容詞の単語の部分を手で隠すと意味がわからなくなります。このようなとき、一番大事だと覚えて the をつけるとよい法則

（例題 3） 次の 1 番をあらわす英語で the をつける必要があるかないかを下線の部分を手で隠して考えてください。必要がある場合は、〔the〕，必要がない場合は、〔×〕を書いてください。

（1）I can run 〔　　　　〕 fastest.

（2）I am 〔　　　　〕 tallest.

副詞の「(　　　　)」「じょうずに」(　　　　)、「とても」very much は (　　　　)、(the) (　　　　) のように変化する法則

解 答 例題１

（１）私はイヌがとても好きです。
I like dogs (very) (much).

（２）私はイヌの方が好きです。
I like dogs (better).

（３）私はイヌが一番好きです。
I like dogs (the) (best).

「よい」(　　　　) という形容詞は、(　　　　)、(the) (　　　　) と変化する法則

解 答 例題２

（１）このペンは上等です。
This pen is (good).

（２）このペンの方が上等です。
This pen is (better).

（３）このペンが一番上等です。
This pen is (the) (best).

「一番」をあらわすとき、(　　　　) のはたらきをする語句（手で隠して (　　　　) の英文で意味がわかるとき、隠している単語は (　　　　) 語句）には the をつけてもつけなくてもよいが、形容詞の単語の部分を手で隠すと意味がわからなくなります。このようなとき、一番大事だと覚えて the をつけるとよい法則

解 答 例題３

（１）I can run 〔×〕 fastest.

（２）I am 〔the〕 tallest.

「A は B ほど〜ではない。」は〔A isn't as〔so〕〜 as B.〕　または　〔A isn't 〜 er than B.〕の 2 種類の言い方がある法則〕

(例題 1) 次の（　　　）に適語を入れてください。

私はトニーほど背が高くない。

（1）I am not (　　　　) (　　　　) (　　　　) Tony.

（2）I am not (　　　　) (　　　　) Tony.

A is not as 〜 as B. ＝ not 〜 er than の not のところに、倍数〜 times（〜倍）を入れると「A は B の〜倍の ― がある」をあらわせる法則

(例題 2) 次の（　　　）に適語を入れてください。

カナダは日本の約 27 倍の大きさがあります。

《ヒント》面積が広い large〔ラーヂッ〕

（1）Canada is about (　　　　) (　　　　) (　　　　) (　　　　) (　　　　) Japan.

（2）Canada is about (　　　　) (　　　　) (　　　　) (　　　　) Japan.

Who runs faster, A or B? で「A と B ではどちらが速く走りますか。」をあらわせるが、こたえ方は注意が必要。Who の次に動詞がきているときは does、can がきているときは can、is がきているときは、is でこたえる法則

(例題 3) 次の（　　　）に適語を入れてください。

直美さんとジュディーさんでは、どちらが速く走りますか。

Who (　　　　) (　　　　), Naomi (　　　　) Judy?

直美さんです。

Naomi (　　　　).

「A は B ほど～ではない。」は〔A（　　　　）（　　　　）〔so〕～（　　　　）B.〕または　〔A（　　　　）～ er（　　　　）B.〕の２種類の言い方がある法則

解 答 例題１

私はトニーほど背が高くない。

（１）I am not (as [so]) (tall) (as) Tony.

（２）I am not (taller) (than) Tony.

A is not as ～ as B. ＝ not ～ er than の（　　　　）のところに、（　　　　）～ times（～倍）を入れると「A は B の～倍の—がある」をあらわせる法則

解 答 例題２

カナダは日本の約 27 倍の大きさがあります。

（１）Canada is about (twenty-seven) (times) (as) (large) (as) Japan.

（２）Canada is about (twenty-seven) (times) (larger) (than) Japan.

（　　　　）（　　　　）（　　　　）, A（　　　　）B? で「A と B ではどちらが速く走りますか。」をあらわせるが、こたえ方は注意が必要。Who の次に（　　　　）がきているときは（　　　　）、can がきているときは（　　）、is がきているときは、（　　）でこたえる法則

解 答 例題３

直美さんとジュディーさんでは、どちらが速く走りますか。

Who (runs) (faster), Naomi (or) Judy?

直美さんです。

Naomi (does).

「どちら」となっていても、「人」の場合は who、「物」の場合は which を使うと覚えればよい法則

(例題 1) 次の(　　　)に適語を入れてください。

(1) どちらが背が高いですか、ジュディーさんですか、それとも直美さんですか。

(　　　) is taller, Judy (　　　) Naomi?

(2) どちらが古いですか、これですか、それともあれですか。

(　　　) is older, this (　　　) that?

「あなたは A と B のどちらが好きですか。」は、Which do you like better, A or B? と覚えればよい法則

(例題 2) 次の(　　　)に適語を入れてください。

(1) あなたは英語と日本語のどちらが好きですか。

(　　　) do you like (　　　), English (　　　) Japanese?

1 つの英文に同じ名詞がくるとき、2 つめの名詞のかわりに one を使うのがふつうであるが、my ＋名詞のようなときは、your ＋名詞にせずに yours にした方がよい法則

(例題 3) 次の(　　　)に適語を入れてください。

この車とあの車では、あなたはどちらが好きですか。

(　　　) do you like (　　　), this car (　　　) that (　　　)?

私のかばんとあなたのかばんでは、どちらが大きいですか。

Which is (　　　), my bag (　　　) (　　　)?

主語の次に be 動詞がきていて、「私よりも」をあらわすとき、than I am、than me、than I の順でよく使われている法則

(例題 4) than I am、than me、than I のうちのどれがあまり使われないかこたえてください。

「(　　　　)」となっていても、「(　　　　)」の場合は who、「(　　　　)」の場合は which を使うと覚えればよい法則

解 答 例題１

（１）どちらが背が高いですか、ジュディーさんですか、それとも直美さんですか。
(Who) is taller, Judy (or) Naomi?

（２）どちらが古いですか、これですか、それともあれですか。
(Which) is older, this (or) that?

「あなたは A と B のどちらが好きですか。」は、(　　　　)(　　　　)(　　　　)(　　　　)(　　　　), A or B? と覚えればよい法則

解 答 例題２

あなたは英語と日本語のどちらが好きですか。
(Which) do you like (better), English (or) Japanese?

1 つの英文に同じ名詞がくるとき、2 つめの (　　　　) のかわりに (　　　　) を使うのがふつうであるが、my ＋名詞のようなときは、your ＋名詞にせずに (　　　　) にした方がよい法則

解 答 例題３

この車とあの車では、あなたはどちらが好きですか。
(Which) do you like (better), this car (or) that (one)?

私のかばんとあなたのかばんでは、どちらが大きいですか。
Which is (bigger), my bag (or) (yours)?

主語の次に be 動詞がきていて、「私よりも」をあらわすとき、than I am、than me、than I の順でよく使われている法則

解 答 例題４

than I があまり使われていません。

練習問題

〔1〕good、well、very much は3つとも同じ変化をします。どのように変化するかこたえてください。

（1）〔er〕　　　　　　（2）〔est〕

解 答 と 解 説

（1）〔er〕 better　　　（2）〔est〕 best

副詞の「よく」「じょうずに」well〔ウェオ〕、「とても」very much は better〔ベタァ〕、(the) best〔ベスットゥッ〕のように変化する法則

〔2〕母音(ぼいん)（ア、イ、ウ、エ、オ）が2つ以上あるとき、どのように変化するか（　　）に適語を入れてください。

beautiful －（　　　）（　　　）－（　　　）（　　　）（　　　）

解 答 と 解 説

beautiful － (more) (beautiful) － (the) (most) (beautiful)

母音(ぼいん)（ア、イ、ウ、エ、オ）の音が2つ以上ある形容詞は、more と most を使う法則

〔3〕次の英語を日本語にしてください。

（1）I am taller than Tony.

（2）I am the tallest in our class.

（3）I am as tall as Tony (is).

解 答 と 解 説

（1）私はトニーよりも背が高い。

（2）私は私たちのクラスの中で一番背が高い。

（3）私はトニーと同じぐらい背が高い。

形容詞または副詞のうしろにerをつけると「もっと～」、estをつけると、〔一番～〕、〔as［形容詞または副詞］as〕で「－と同じぐらい～」をあらわす法則

を使うと解けます。

〔４〕次の日本語を指示にしたがって英語に直してください。

（１）私はあなたほど背が高くない。

① ______________________〔～ er を使って〕

② ______________________〔as を使って〕

解 答 と 解 説

① I am not taller than you (are).

② I am not as [so] tall as you (are).

「A は B ほど～ではない。」は、〔A isn't as〔so〕～ as B.〕 または〔A isn't ～ er than B.〕の２種類の言い方がある法則

（２）カナダは日本の約 27 倍の大きさがあります。

① ______________________.〔～ er を使って〕

② ______________________.〔as を使って〕

解 答 と 解 説

① Canada is about twenty-seven times larger than Japan.

② Canada is about twenty-seven times as large as Japan.

A is not as ～ as B. = not ～ er than の not のところに倍数～ times（～倍）を入れると、「A は B の～倍の—がある」をあらわせる法則

を使うと解けます。

〔5〕次の(　　)に適語を入れてください。

（1）あなたは英語と音楽のどちらが好きですか。

(　　) do you like (　　), English (　　) music?

（2）あなたは佐知子さんと安紀子さんのどちらが好きですか。

(　　) do you like (　　), Sachiko (　　) Akiko?

解答と解説

（1）Which / better / or

（2）Who / better / or

どちらとなっていても、「人」の場合は who、「物」の場合は which を使う、と覚えればよい法則

〔6〕次の(　　)に適語を入れてください。

（1）トニーとジュディーのどちらが背が高いですか。

(　　) is (　　), Tony (　　) Judy?

（2）これとあれとどちらが古いですか。

(　　) is (　　), this (　　) that?

解答と解説

（1）Who / taller / or

（2）Which / older / or

どちらとなっていても、「人」の場合は who「物」の場合は which を使うと覚えればよい法則

を使うと解けます。

〔7〕次の(　　)に適語を入れてください。

（1）私はこのクラスの中で一番背が高い。

I am (　　) (　　) (　　) this class.

（2）私は私たちみんなの中で一番背が高い。

I am (　　) (　　) (　　) us all.

解 答 と 解 説

（1）the tallest in

（2）the tallest of

1つのかたまりの中でなら in，全体のうちの一部分をあらわしているときは of を使う法則

〔8〕次の（　　　）に適語を入れてください。

（1）この車はあの車よりも小さい。

This car is smaller than that (　　　　).

（2）私の車はあなたの車よりも小さい。

My car is smaller than (　　　　).

解 答 と 解 説

（1）one

（2）yours

1つの英文に同じ名詞がくるとき、2つめの名詞のかわりに one を使うのがふつうである法則

を使うと解けます。

（2）は、

my ＋名詞のようなときは、your ＋名詞にせずに yours にした方がよい法則

を使うと解けます。

15 受動態と能動態の使い方を理解しよう

動詞の過去分詞形は「～される」という意味をあらわす形容詞のはたらきをする単語なので、主語の次にはかならずbe動詞を置いて、いつのことかをあらわさなければならない法則

例題1 次の（　　　）に適語を入れてください。

（1）この机（つくえ）は私の父によってつくられました。〈ヒント〉～によって　by〔バーィ〕

This desk (　　　) (　　　) (　　　) my father.

（2）この腕時計は日本でつくられました。　〈ヒント〉～で　in〔インヌ〕

This watch (　　　) (　　　) (　　　) Japan.

前置詞＋名詞＝副詞と覚えておくとよい法則

（例）日本で in Japan〔インヂァ ペァンヌ〕　《ヒント》ここで　here〔ヒアァ〕

例題2 次の ＿＿ に適語を入れてください。

（1）日本語は日本で話されています。

《ヒント》日本語 Japanese〔ヂェァパニーズッ〕　話されている spoken〔スポーゥ クンヌ〕

Japanese ＿＿＿＿＿＿＿＿＿＿＿＿＿＿＿＿＿.

（2）日本語はここで話されています。

Japanese ＿＿＿＿＿＿＿＿＿＿＿＿＿＿＿＿＿.

自分と相手がいるとして、自分が相手に何かをしている文を能動態、相手の立場から考えている文を受動態〔受け身〕の法則

例題3 次の〔　　　〕に能動態か受動態のどちらかを書いてください。＿＿ には英語を書いてください。

《ヒント》救助する〔された〕　saved〔セーィヴッドゥッ〕

（1）私はこのイヌを救助しました。〔　　　　〕

＿＿＿＿＿＿＿＿＿＿＿＿＿＿＿＿＿＿＿＿.

（2）このイヌは私によって救助されました。〔　　　　〕

＿＿＿＿＿＿＿＿＿＿＿＿＿＿＿＿＿＿＿＿.

動詞の（　　　）は「〜される」という意味をあらわす（　　　）のはたらきをする単語なので、（　　　）の次にはかならず（　　　）を置いて、（　　　）かをあらわさなければならない法則

解 答 例題１

（１）この机は私の父によってつくられました。
This desk (was) (made) (by) my father.

（２）この腕時計は日本でつくられました。
This watch (was) (made) (in) Japan.

（　　　）＋（　　　）＝（　　　）と覚えておくとよい法則

解 答 例題２

（１）日本語は日本で話されています。
Japanese is spoken in Japan.

（２）日本語はここで話されています。
Japanese is spoken here.

自分と相手がいるとして、（　　　）が（　　　）に何かをしている文を（　　　）、相手の立場から考えている文を（　　　）〔（　　　）〕の法則

解 答 例題３

（１）私はこのイヌを救助しました。〔能動態〕
I saved this dog.

（２）このイヌは私によって救助されました。〔受動態〕
This dog was saved by me.

意味を一切考えずに、能動態を受動態に書きかえたいときは、動詞の下に（カッコ）（カッコ）をつけて考えればよい。ただし、動詞の前に can や will などがあるときは、can や will を置いてから（カッコ）（カッコ）をつけて、1 つめの（カッコ）に be 動詞を入れる。現在ならば is、am、are。過去ならば was、were。will や can の次には be を入れるとよい法則

（例）（1）I made some cakes.
( ) ( )
（能動態：私はいくつかのケーキをつくった。）
Some cakes (were) (made) by me.（受動態）

（2）I can make some cakes.
( ) ( )
（能動態：私はいくつかケーキをつくれる。）
Some cakes can (be) (made) by me.（受動態）

例題 次の英語を（　）に適語を入れて、能動態を受動態にしてください。

（1）I helped Tony.
( ) ( )
Tony (　　　　　) (　　　　　) by me.

（2）I will help Tony.
( ) ( )
Tony will (　　　　　) (　　　　　) by me.

（3）I help Tony.
( ) ( )
Tony (　　　　　) (　　　　　) by me.

意味を一切考えずに、能動態を受動態に書きかえたいときは、動詞の下に（カッコ）（カッコ）をつけて考えればよい。ただし、動詞の前に（　　　　）や（　　　　）などがあるときは、（　　　　）や（　　　　）を置いてから（カッコ）（カッコ）をつけて、１つめの（カッコ）に（　　　　）を入れる。現在ならば、（　　　　）、（　　　　）、（　　　　）。過去ならば（　　　　）、（　　　　）。will や can の次には（　　　　）を入れるとよい法則

（例）（１）I made some cakes.
（ ）（ ）
（能動態：私はいくつかのケーキをつくった。）
Some cakes (　　　) (　　　) by me.（受動態）

（２）I can make some cakes.
（ ）（ ）
（能動態：私はいくつかケーキをつくれる。）
Some cakes can (　　　) (　　　) by me.（受動態）

解 答

（１）I helped Tony.
（ ）（ ）
Tony (was)(helped) by me.

（２）I will help Tony.
（ ）（ ）
Tony will (be)(helped) by me.

（３）I help Tony.
（ ）（ ）
Tony (is)(helped) by me.

疑問文や否定文の能動態を受動態にするときは、肯定文（基本になる文）にして、それを受動態にしてから、最後に疑問文や否定文にするとよい法則

（例）Did you make lunch?〔能動態〕
〔肯定文〕You made lunch.〔能動態〕
( )( )
Lunch (was) (made) by you.〔受動態〕
〔疑問文〕Was lunch made by you ?〔受動態〕

My mother didn't make lunch.〔能動態〕
〔肯定文〕My mother made lunch.〔能動態〕
( )( )
Lunch (was) (made) by my mother.〔受動態〕
〔否定文〕Lunch (wasn't) (made) by my mother.〔受動態〕

例題　次の指示にしたがって、英語を受動態にしてください。

Tony didn't help me.

（1）〔肯定文にして〕

____

（2）〔受動態にして〕

____

（3）〔否定文にして〕

____

疑問文や否定文の（　　　　）を受動態にするときは、（　　　　）（基本になる文）にして、それを（　　　　）にしてから、最後に（　　　　）や（　　　　）にするとよい法則

（例）Did you make lunch?〔能動態〕
〔肯定文〕You (________) lunch.〔能動態〕
( )( )
Lunch (　　　　) (　　　　) by you.〔受動態〕
〔疑問文〕(　　　　) (　　　　) (　　　　) by you?〔受動態〕

My mother didn't make lunch.〔能動態〕
〔肯定文〕My mother (______) lunch.〔能動態〕
( )( )
Lunch (　　　　) (　　　　) by my mother.〔受動態〕
〔否定文〕Lunch (　　　　) (　　　　) by my mother.〔受動態〕

解答

Tony didn't help me.

（１）〔肯定文にして〕
Tony helped me.

（２）〔受動態にして〕
I (was) (helped) by Tony.

（３）〔否定文にして〕
I (wasn't) (helped) by Tony.

疑問詞＋疑問文？の能動態を受動態にしたいときは、疑問詞をそのまま置いておいて、疑問文のところを受動態にすればよい法則

（例）みんなはこの花を何と呼びますか。

What | do | you call this flower?〔疑問詞＋疑問文〕

( ) ( )

This flower (is) (called) by you.〔肯定文〕

Is this flower called by you?〔疑問文〕

What is this flower called by you?〔疑問詞＋疑問文〕

何とこの花はみんなに呼ばれていますか。

＊ by you は省略することが多い。

（例題）次の英文を上の法則と同じようにして、受動態にしてください。

どこであなたはトニーを救助したのですか。

Where did you save Tony?

You saved Tony.

( ) ( )

（1）〔肯定文〕

____________________〔受動態〕

（2）〔疑問文〕

____________________〔受動態〕

（3）〔Where からはじめて〕

____________________〔受動態〕

（　　　）＋（　　　）？の能動態を受動態にしたいときは、疑問詞をそのまま置いておいて、疑問文のところを（　　　）にすればよい法則

（例）みんなはこの花を何と呼びますか。

What do you call this flower?〔疑問詞＋疑問文〕

( ) ( )

(　　) flower (　　) (　　) by you.〔肯定文〕

(　　) this flower (　　) by you?〔疑問文〕

What (　　) this flower (　　) by you?〔疑問詞＋疑問文〕

何とこの花はみんなに呼ばれていますか。

＊ by you は省略することが多い。

解 答

どこであなたはトニーを救助したのですか。

Where did you save Tony?〔能動態〕

You saved Tony.〔能動態〕

( ) ( )

（１）〔肯定文〕

Tony was saved by you.〔受動態〕

（２）〔疑問文〕

Was Tony saved by you?〔受動態〕

（３）〔Where からはじめて〕

Where was Tony saved by you?〔受動態〕

どこでトニーはあなたに救助されたのですか。

受動態で、be 動詞＋過去分詞形＋ by ～ .「～によってーされる」と習うことが多いが、by「～によって」以外の前置詞がくることもあります。in「～の点では、～で」、at「～を見て、～を聞いて、～で」、to「みんなの努力なしで、～の方に」、for「～が原因で、～の理由で、～で」、as「～として」、with「～に対して、～が」となり、このような前置詞といっしょに使われるのは、動詞の過去分詞形がふつうの形容詞として辞典にのっている場合が多い法則

（例）

（1）この歌はみんなに知られています。
This song is known to everyone.

（2）丹波篠山（たんばささやま）はデカンショ祭で知られています。
Tamba-Sasayama is known for its Dekansho Festival.

（3）私はピアニストとして知られています。
I am known as a pianist.

（4）私は英語に興味があります。
I'm interested in English.

（5）私はそのニュースを聞いて驚（おどろ）きました。
I was surprised at the news.

（6）私はそのニュースによって驚かされました。
I was surprised by the news.

（7）私は私の新しい仕事が気に入っています。
I'm pleased with my new job.

受動態で、be 動詞＋（　　　　）＋ by ～ .「～によって－される」と習うことが多いが、by「～によって」以外の前置詞がくることもあります。（　　　　）「～の点では、～で」、（　　　　）「～を見て、～を聞いて、～で」、（　　　　）「みんなの努力なしで、～の方に」、（　　　　）「～が原因で、～の理由で、～で」、（　　　　）「～として」、（　　　　）「～に対して、～が」となり、このような前置詞といっしょに使われるのは、動詞の（　　　　）がふつうの（　　　　）として辞典にのっている場合が多い法則

（例）

（１）この歌はみんなに知られています。
This song is known (　　　　) everyone.

（２）丹波篠山はデカンショ祭で知られています。
Tamba-Sasayama is known (　　　　) its Dekansho Festival.

（３）私はピアニストとして知られています。
I am known (　　　　) a pianist.

（４）私は英語に興味があります。
I'm interested (　　　　) English.

（５）私はそのニュースを聞いて驚きました。
I was surprised (　　　　) the news.

（６）私はそのニュースによって驚かされました。
I was surprised (　　　　) the news.

（７）私は私の新しい仕事が気に入っています。
I'm pleased (　　　　) my new job.

練習問題

〔1〕次の英語を受動態に直してください。

（1）I saved this cat.

____

（2）I will save this cat.

____

（3）I didn't save this cat.

____

解 答 と 解 説

（1）This cat was saved by me.

（2）This cat will be saved by me.

（3）This cat wasn't saved by me.

（1）と（2）は、次の法則を使うと解けます。

意味を一切考えずに、能動態を受動態に書きかえたいときは、動詞の下に（カッコ）（カッコ）をつけて考えればよい。ただし、動詞の前に can、will などがあるときは、can、will を置いてから（カッコ）（カッコ）をつけて、1 つめの（カッコ）に be 動詞を入れる。現在ならば、is、am、are、過去ならば、was、were。will や can の次には be を入れるとよい法則

（3）は、次の法則を使うと解けます。

疑問文や否定文の能動態を受動態にするときは、肯定文（基本になる文）にして、それを受動態にしてから、最後に疑問文や否定文にするとよい法則

〔2〕次の英語を受動態に直してください。

（1）You saved this cat.

____

（2）Did you save this cat?

____

（3）Where did you save this cat?

____

解答と解説

（1）This cat was saved by you.
（2）Was this cat saved by you?
（3）Where was this cat saved by you?

（1）と（2）は、

疑問文や否定文の能動態を受動態にするときは、肯定文（基本になる文）にして、それを受動態にしてから、最後に疑問文や否定文にするとよい法則

（3）は、次の法則を使うと解けます。

疑問詞＋疑問文？の能動態を受動態にしたいときは、疑問詞をそのまま置いて、疑問文のところを受動態にすればよい法則

〔3〕次の（　　　）に適語を入れてください。

（1）この腕時計は日本でつくられました。
This watch (　　　) (　　　) (　　　) Japan.

（2）私は英語に興味があります。
I (　　　) (　　　) (　　　) English.

（3）私はそのニュースを聞いて驚きました。
I (　　　) (　　　) (　　　) the news.

（4）私は私の新しい仕事が気に入っています。
I (　　　) (　　　) (　　　) my new job.

（5）丹波篠山（たんばささやま）はデカンショ祭で知られています。
Tamba-Sasayama (　　　) (　　　) (　　　) its Dekansho Festival.

（6）この歌はみんなに知られています。
This song (　　　) (　　　) (　　　) everyone.

解答と解説

（1）was made in
（2）am interested in
（3）was surprised at
（4）am pleased with
（5）is known for
（6）is known to

受動態で、be 動詞 + 過去分詞形 + by ～ .「～によって―される」と習うことが多いが、by「～によって」以外の前置詞がくることもあります。in「～の点では、～で」、at「～を見て、～聞いて、～で」、to「みんなの努力なしで、～の方に」、for「～が原因で、～の理由で、～で」、as「～として」、with「～に対して、～が」となり、このような前置詞といっしょに使われるのは、動詞の過去分詞形が形容詞として辞典にのっている場合が多い法則

を使うと解けます。

ここが大切

known（知られている）という形容詞は次のように使うと覚えておいてください。
富士山は日本中の人に知られています。
Mt. Fuji is known to everyone in Japan.
富士山は美しさで知られています。
Mt. Fuji is known for its beauty.
富士山は美しい山として知られています。
Mt. Fuji is known as a beautiful mountain.

これだけは覚えましょう

私は英語に興味があります。

（１）English interests me.

（２）I'm interested in English.

私はそのニュースを聞いて驚きました。

（１）The news surprised me.

（２）I was surprised at the new.

（３）I was surprised to hear the news.

16 動詞の使い分けをしっかり覚えよう

日本語で〈だれに〉、〈何を〉のような疑問が生まれる動詞があるとき、人＋物の順番に置くだけで、完全な英文になる法則

（例題 1） 次の日本語を英語に直してください。

（1）私にあなたのアルバムを見せてよ。

〈ヒント〉～を見せる　show〔ショーゥ〕　アルバム album〔アオバムッ〕

____

（2）私に英語を教えてよ。

〈ヒント〉～を教える teach〔ティーチッ〕

____

（3）私にあなたの写真をくださいよ。

〈ヒント〉～をくれる、～をあげる　give〔ギヴッ〕

____

show (～を見せる)、teach (～を教える)、give (～をくれる、～をあげる) などのような動詞は人＋物を、物＋ to ＋人にしてもほとんど同じ意味をあらわすことができる法則

（例題 2） 次の日本語を英語にしてください。

（1）あなたのアルバムを私に見せてよ。

____

（2）英語を私に教えてよ。

____

（3）あなたの写真を私にくださいよ。

____

日本語で〈　　　　〉、〈　　　　〉のような疑問が生まれる動詞があるとき、(　　　　)＋(　　　　)の順番に置くだけで、完全な英文になる法則

解 答 (例題1)

(1) 私にあなたのアルバムを見せてよ。
Show me your album.

(2) 私に英語を教えてよ。
Teach me English.

(3) 私にあなたの写真をくださいよ。
Give me your picture.

(　　　　)(～を見せる)、(　　　　)(～を教える)、(　　　　)(～をくれる、～をあげる) などのような動詞は人＋物を、(　　　　)＋(　　　　)＋(　　　　)にしてもほとんど同じ意味をあらわすことができる法則

解 答 (例題2)

(1) あなたのアルバムを私に見せてよ。
Show your album to me.

(2) 英語を私に教えてよ。
Teach English to me.

(3) あなたの写真を私にくださいよ。
Give your picture to me.

buy〔バーィ〕（～を買う）、find〔ファーィンドゥッ〕（～を見つける）、cook〔クッ クッ〕（～を料理する）、make〔メーィ クッ〕（～をつくる）などの動詞は、人＋物を物＋ for ＋人にしてもほとんど同じ意味をあらわすことができる法則

例題1　次の（　　　）に適語を入れてください。

（1）この本を私に買ってよ。（　　　）this book（　　　）me.

（2）仕事を私に見つけてよ。（　　　）a job(　　　）me.

（3）昼食を私につくってよ。（　　　）lunch（　　　）me.

（4）これらのじゃがいもを私に料理してよ。
（　　　）these potatoes（　　　）me.

今、自分がもっているものを使って直接相手に何かをするときは to、自分はまだものをもっていないけれども、それを使って間接的に相手に何かをするときは、for と考えるとよい法則

例題2　次の（　　　）に適語を入れてください。

（1）私は君にこの本をあげるよ。
I'll give this book（　　　）you.

（2）私は君に仕事を見つけてあげるよ。
I'll find a job（　）you.

（3）あなたのアルバムを私に見せてよ。
Show your album（　　　）me.

（4）この本を私に買ってよ。
Buy this book（　　　）me.

「～のように見える」をあらわしたいときは、〔look ＋形容詞〕または〔look like ＋名詞〕であらわすことができる法則

例題3　次の（　　　）に適語を入れてください。

（1）あなたはうれしそうですね。　You（　　　）happy.

（2）雨が降(ふ)りそうですね。　It（　　　）（　　　）rain.

（　　　　）〔バーィ〕（～を買う）、（　　　　）〔ファーィンドゥッ〕（～を見つける）（　　　　）〔クックッ〕（～を料理する）、（　　　　）〔メーィクッ〕（～をつくる）などの動詞は、人＋物を（　　　　）＋（　　　　）＋（　　　　）にしてもほとんど同じ意味をあらわすことができる法則

解 答 例題１

（１）この本を私に買ってよ。 (Buy) this book (for) me.

（２）仕事を私に見つけてよ。 (Find) a job (for) me.

（３）昼食を私につくってよ。 (Make) lunch (for) me.

（４）これらのじゃがいもを私に料理してよ。
(Cook) these potatoes (for) me.

今、自分がもっているものを使って（　　　　）相手に何かをするときは to、自分はまだものをもっていないけれども、それを使って（　　　　）に相手に何かをするときは、（　　　　）と考えるとよい法則

解 答 例題２

（１）私は君にこの本をあげるよ。
I'll give this book (to) you.

（２）私は君に仕事を見つけてあげるよ。
I'll find a job (for) you.

（３）あなたのアルバムを私に見せてよ。
Show your album (to) me.

（４）この本を私に買ってよ。
Buy this book (for) me.

「～のように見える」をあらわしたいときは、〔（　　　　）＋（　　　　）〕または〔（　　　　）（　　　　）＋名詞〕であらわすことができる法則

解 答 例題３

（１）あなたはうれしそうですね。 You (look) happy.

（２）雨が降りそうですね。 It (looks) (like) rain.

「～になる」、〔become ＋形容詞〕　または　〔become ＋名詞〕であらわすことができる法則〕

(例題 1) 次の(　　　)に適語を入れてください。

（1）直美さんは有名になった。

Naomi (　　　) (　　　).

（2）直美さんは有名なテニスの選手になった。

Naomi (　　　) (　　　) (　　　) (　　　) (　　　).

like に ly をつけると形容詞になり、be likely to ～ . で「～しそうです」をあらわすことができる法則

(例題 2) 次の(　　　)に適語を入れてください。

雨が降りそうです。

It (　　　) (　　　) (　　　) rain.

話し相手または聞き手に近づいて行くときは come、話し相手または聞き手から遠ざかって行くときは go と覚えるとよい法則

(例題 3) 次の(　　　)に適語を入れてください。

「あなたは来ますか。」	"Are you (　　　)?"
「はい、私は行きますよ。」	"Yes, I'm (　　　)."
「夕食の準備ができましたよ。」	"Dinner is ready."
「行くよ。」	"I'm（　　　)."

自分が行く気があるときは、Are you coming to the party?　自分が何かの都合（つごう）で行けないか　または　行く意志がないときは、Are you going to the party? となる法則

(例題 4) 次の(　　　)に適語を入れなさい。

〔行く気がある〕　(　　　) you (　　　) to the party?

〔行く気がない〕　(　　　) you (　　　) to the party?

「～になる」は、〔(　　　)＋(　　　)〕または〔(　　　)＋(　　　)〕であらわすことができる法則

解答 例題1

(1) 直美さんは有名になった。
Naomi (became) (famous).

(2) 直美さんは有名なテニスの選手になった。
Naomi (became) (a) (famous) (tennis) (player).

likeに(　　　)をつけると形容詞になり、(　　　)(　　　)(　　　)～.で「～しそうです」をあらわすことができる法則

解答 例題2

雨が降りそうです。
It (is) (likely) (to) rain.

話し相手または(　　　)に(　　　)行くときは(　　　)、話し相手または(　　　)から(　　　)行くときは(　　　)と覚えるとよい法則

解答 例題3

「あなたは来ますか。」　“Are you (coming)?”
「はい、私は行きますよ。」　“Yes, I'm (coming).”
「夕食の準備ができましたよ。」　“Dinner is ready.”
「行くよ。」　“I'm (coming).”

**自分が行く気があるときは、Are you (　　　) to the party?
自分が何かの都合で(　　　)か　または　行く(　　　)がないときは、Are you (　　　) to the party?　となる法則**

解答 例題4

〔行く気がある〕　(Are) you (coming) to the party?
〔行く気がない〕　(Are) you (going) to the party?

come と bring、go と take は同じ考え方で使う。相手と自分の間を「もって行く」、「もって来る」が bring、相手と自分以外のところへ「もって行く」ときは、take を使う法則

例題 1　次の（　　　）に適語を入れてください。

（1）「私の机の上にあるそれらの本をここにもって来てよ。」
“(　　　　) those books on my desk here.”
「はい、今行くからね、お父さん。」
“Yes, I'm (　　　　), Father.”

（2）「あなたのイヌをあっちへ連れて行ってくれよ。」
“(　　　　) your dog away.”
「はい、今行くからね、お父さん」
“Yes, we are (　　　　), Father.”

（3）私にコーヒーを 1 ぱいもって来てください。
Please (　　　　) me a cup of coffee.

（4）直美さんにコーヒーを 1 ぱいもって行ってください。
Please (　　　　) a cup of coffee (　　　　) Naomi.

gone〔ゴーンヌ〕は、「なくなって」という意味の形容詞だの法則

例題 2　次の（　　　）に適語を入れてください。

私のすべてのマスクはなくなった。
All my masks (　　　　) (　　　　).

come と（　　　　）、go と（　　　　）は同じ考え方で使う。相手と自分の間を「もって（　　　　）」、「もって（　　　）」が（　　　　）、相手と自分以外のところへ「（　　　　　）」ときは、（　　　　）を使う法則

解 答 例題１

（１）「私の机の上にあるそれらの本をここにもって来てよ。」
“(Bring) those books on my desk here.”
「はい、今行くからね、お父さん。」
“Yes, I'm (coming), Father.”

（２）「あなたのイヌをあっちへ連れて行ってくれよ。」
“(Take) your dog away.”
「はい、今行くからね、お父さん。」
“Yes, we are (going), Father.”

（３）私にコーヒーを１ぱいもって来てください。
Please (bring) me a cup of coffee.

（４）直美さんにコーヒーを１ぱいもって行ってください。
Please (take) a cup of coffee (to) Naomi.

gone〔ゴーンヌ〕は、「なくなって」という意味の（　　　　）だの法則

解 答 例題２

私のすべてのマスクはなくなった。
All my masks (are) (gone).

練習問題

〔1〕次の（　　　）は to　または for を入れてください。

（1）私に英語を教えてよ。
Teach me English. = Teach English (　　　　) me.

（2）私に昼食をつくってよ。
Make me lunch. = Make lunch (　　　　) me.

（3）私に仕事を見つけてよ。
Find me a job. = Find a job (　　　　) me.

（4）私にこの本を買ってよ。
Buy me this book. = Buy this book (　　　　) me.

（5）私にあなたのアルバムを見せてよ。
Show me your album. = Show your album (　　　　) me.

解答と解説

（1）to　（2）for　（3）for
（4）for　（5）to

（1）～（5）は、

今自分がもっているものを使って直接相手に何かをするときは to、自分はまだものをもっていないけれども、それを使って間接的に相手に何かをするときは、for と考えるとよい法則

を使うと解けます。

〔2〕次の（　　　）に適語を入れてください。

（1）雨が降りそうです。
It (　　　　) (　　　　) rain.

（2）あなたはあなたのお父さんと似ています。
You (　　　　) (　　　　) your father.

（3）あなたはしあわせそうですね。
You (　　　　) (　　　　).

解答と解説

（1）looks like　（2）look like　（3）look happy

「～のように見える」をあらわしたいときは、〔look ＋形容詞〕または〔look like ＋名詞〕であらわすことができる法則

を使うと解けます。

〔3〕come または go を適当な形に変化させて（　　　）に入れてください。

（1）〈相手が松本にいて電話で話しています。〉
それでは、私は松本へきょうの午後行って、そして、それからあす熊本へ行きます。
Then I'll (　　　) to Matsumoto this afternoon, and then I'll (　　　) to Kumamoto tomorrow.

（2）「夕食ができたよ。」　"Dinner is ready."
「行きますよ。」　"I'm (　　　)."

（3）「あなたはそのパーティーに行きますか。」〔私は行くつもりと決めている場合〕
"Are you (　　　) to the party?"

（4）「あなたはそのパーティーに行きますか。」〔事情があって私は行けない場合〕
"Are you (　　　) to the party?"

（5）私のすべてのマスクはなくなった。
All my masks are (　　　).

解答と解説

（1）come / go
（2）coming
（3）coming
（4）going
（5）gone

（1）と（2）は、

話し相手　または　聞き手に近づいて行くときは、come, 話し相手または　聞き手から遠ざかって行くときは go と覚えるとよい法則

を使うと解けます。

（3）と（4）は、次の法則を使うと解けます。

自分が行く気があるときは、Are you coming to the party? 自分が何かの都合で行けないか　または　行く意志がないときは、Are you going to the party? となる法則

〔4〕次の（　　　　）に take　または bring を入れてください。

（1）私にコーヒーを 1 ぱいもって来てよ。

(a) (　　　　) me a cup of coffee.

(b) (　　　　) a cup of coffee to me.

（2）トニーさんにコーヒーを 1 ぱいもって行ってください。

Please (　　　　) a cup of coffee to Tony.

（3）私の机にあるそれらの本をここにもって来てよ。

(　　　　) those books on my desk here.

（4）このネコをあっちへ連れて行ってよ。

(　　　　) this cat away.

解 答 と 解 説

（1）(a) Bring　(b) Bring

（2）take

（3）Bring

（4）Take

come と bring、go と take は同じ考え方で使う。相手と自分の間を「もって行く」「もって来る」が bring、相手と自分以外のところへ「もって行く」ときは、take を使う法則

ここが大切

bringを使った書きかえを勉強しましたが、もう少しくわしく説明しておきます。

私にコーヒーを1ぱいもって来てよ。

(1) Bring me a cup of coffee.

(2) Bring a cup of coffee to me.

のように2種類の言い方があります。テストでは、この2つの書きかえがこたえになります。ただし、次のように言うこともできます。少し意味が変わってきます。

私のために[かわりに]コーヒーをもって来てよ。

Bring a cup of coffee for me.

次のような表現も覚えておくとよいと思います。

手ぶらで来てね。

Bring yourself.

なぜあなたはここに来たの。= 何があなたをここに連れてきたの。

What brought you here?

17 気持ちを伝える動詞の使い方を覚えよう

I want to ～. は、「私は～したい。」
I want you to ～. は、「私はあなたに～してもらいたい。」になる法則

(例題 1) 次の（　　　）に適語を入れてください。

（1）私はあなたとテニスをしたい。
I (　　　) (　　　) play tennis with you.

（2）私はあなたに私とテニスをしてもらいたい。
I (　　　) (　　　) (　　　) play tennis with me.

I want to ～. のていねいな言い方は、I'd like to ～. で I want you to ～. のていねいな言い方は、I'd like you to ～. になる法則

(例題 2) 次の（　　　）に適語を入れてください。

（1）（できれば）私はあなたとテニスをさせていただきたいのですが。
(　　　) (　　　) (　　　) play tennis with you.

（2）（できれば）私はあなたに私とテニスをしていただきたいのですが。
(　　　) (　　　) (　　　) (　　　) play tennis with me.

I want to ～. の否定文は、I don't want to ～.
I wanted to ～. の否定文は、I didn't want to ～. になる法則

(例題 3) 次の（　　　）に適語を入れてください。

（1）私は走りたくない。　I (　　　) (　　　) (　　　) run.
（2）私は走りたかった。　I (　　　) (　　　) run.
（3）私は走りたくなかった。　I (　　　) (　　　) (　　　) run

I (　　　　) (　　　　) ～. は、「私は～したい。」
I (　　　　) (　　　　) (　　　　) ～. は、「私はあなたに～してもらいたい。」になる法則

解 答 例題１

（１）私はあなたとテニスをしたい。
I (want) (to) play tennis with you.

（２）私はあなたに私とテニスをしてもらいたい。
I (want) (you) (to) play tennis with me.

I (　　　　) (　　　　) ～ . のていねいな言い方は、(　　　　) (　　　　) (　　　　) ～ . で I (　　　　) you (　　　　) ～. のていねいな言い方は、(　　　　) (　　　　) you (　　　　) ～. になる法則

解 答 例題２

（１）（できれば）私はあなたとテニスをさせていただきたいのですが。
(I'd) (like) (to) play tennis with you.

（２）（できれば）私はあなたに私とテニスをしていただきたいのですが。
(I'd) (like) (you) (to) play tennis with me.

I want to ～. の否定文は、I (　　　　) want to ～.
I wanted to ～. の否定文は、I (　　　　) want to ～. になる法則

解 答 例題３

（１）私は走りたくない。　I (don't) (want) (to) run.
（２）私は走りたかった。　I (wanted) (to) run.
（３）私は走りたくなかった。　I (didn't) (want) (to) run.

I'll tell Tony to ～． は、「私はトニー君に～するように言うよ。」
I'll ask Tony to ～． は、「私はトニー君に～してくれるように頼むよ。」
となる法則

(例題 1) 次の（　　　）に適語を入れてください。

（1）私はトニー君に勉強するように言うよ。
I'll (　　　　) Tony (　　　　) study.

（2）私はトニー君に私を手伝ってくれるように頼(たの)むよ。
I'll (　　　　) Tony (　　　　) help me.

〔to ＋動詞〕を否定にしたいときに not to ＋ 動詞にすることで、～しないようにをあらわすことができるので、I'll tell Tony not to ～． は、「私がトニー君に～しないように言うよ。」I'll ask Tony not to ～． は、「私がトニー君に～しないように頼むよ。」となる法則

(例題 2) 次の（　　　）に適語を入れてください。

（1）それでは、私がトニー君にここで勉強しないように言うよ。
Then I'll (　　　　) Tony (　　　　) (　　　　) study here.

（2）それでは、私がトニー君にここで歌わないように頼むよ。
Then I'll (　　　　) Tony (　　　　) (　　　　) sing here.

（3）かぜをひかないように気をつけてね。

《ヒント》気をつける take care〔テーィ クッ　ケアァ〕　風邪をひく　catch (a) cold〔キャッチッ（ア）コーゥ オドゥッ〕

Take care (　　　　) (　　　　) catch (a) cold.

I'll (　　　　) Tony (　　　　) 〜. は、「私はトニー君に〜するように言うよ。」 I'll (　　　　) Tony (　　　　) 〜. は、「私はトニー君に〜してくれるように頼むよ。」となる法則

解 答 (例題1)

（1）私はトニー君に勉強するように言うよ。
I'll (tell) Tony (to) study.

（2）私はトニー君に私を手伝ってくれるように頼むよ。
I'll (ask) Tony (to) help me.

〔to ＋動詞〕を否定にしたいときに (　　　　) (　　　　) ＋動詞にすることで、(　　　　) をあらわすことができるので、I'll (　　　　) Tony (　　　　) (　　　　) 〜. は、「私がトニー君に〜しないように言うよ。」 I'll (　　　　) Tony (　　　　) (　　　　) 〜. は、「私がトニー君に〜しないように頼むよ。」となる法則

解 答 (例題2)

（1）それでは、私がトニー君にここで勉強しないように言うよ。
Then I'll (tell) Tony (not) (to) study here.

（2）それでは、私がトニー君にここで歌わないように頼むよ。
Then I'll (ask) Tony (not) (to) sing here.

（3）かぜをひかないように気をつけてね。
Take care (not) (to) catch (a) cold.

make A B. で（A を B にする）をあらわすことができる。
A のところに人だけではなく、物もくる。
B には、名詞、形容詞、過去分詞形がくる法則

例題 1　次の（　　　）に適語を入れてください。

（1）私はあなたをしあわせにしますよ。
I'll (　　　　) (　　　　) (　　　　).

（2）そのニュースは私をしあわせな気持ちにしてくれた。
The news (　　　　) (　　　　) (　　　　).

I'll make you happy. を例にとると、you are happy（あなたはしあわせな状態にある）そのような状態に、I'll make（私はしますよ）と考えるとよい。1 つの英文の中に動詞が 2 つあるのはよくないので、2 つめのあってもなくても意味が変わらない are を消してある法則

例題 2　次の（　　　）に適語を入れてください。

その知らせは、トニーさんを悲しませた。
The news (　　　　) Tony (　　　　).

make や let に「～させる」という意味があるが、make は、（無理やり～させる）、let は、（～を許して～させる）のような意味のちがいがある。たとえば、I'll make my son study.（私は私の息子に無理やり勉強させますよ。）となるが、I'll let my son study. だと（私の息子が勉強したいと言っているので、私は私の息子に勉強するのを許してやるよ。）となる法則

例題 3　次の英語を日本語に直してください。

（1）Let me see it.

____

（2）My mother made me see it.

____

（　　　　）A B. で、「A を B にする。」をあらわすことができる。
A のところに人だけではなく、（　　　　）もくる。
B には、（　　　　）,（　　　　）,（　　　　）がくる法則

解 答 例題1

（1）私はあなたをしあわせにしますよ。
I'll (make) (you) (happy).

（2）そのニュースは私をしあわせな気持ちにしてくれた。
The news (made) (me) (happy).

I'll make you happy. を例にとると、you（　　　　）happy（あなたはしあわせな状 態にある）そのような状態に、I'll（　　　　）（私はしますよ）と考えるとよい。1 つの英文の中に動詞が 2 つあるのはよくないので、2 つめのあってもなくても意味が変わらない（　　　　）を（　　　　）ある法則

解 答 例題2

その知らせは、トニーさんを悲しませた。
The news (made) Tony (sad).

（　　　　）や（　　　　）に「〜させる」という意味があるが、（　　　　）は、（無理やり〜させる）、（　　　　）は、（〜を許して〜させる）のような意味のちがいがある。たとえば、I'll（　　　　）my son（　　　　）.（私は私の息子に（　　　　）勉強させますよ。）となるが、I'll（　　　　）my son（　　　　）. だと（私の息子が勉強したいと言っているので、私は私の息子に勉強するのを（　　　　）やるよ。）となる法則

解 答 例題3

（1）Let me see it.
私にそれを見せてよ。

（2）My mother made me see it.
私の母は私にそれを見させた。

練習問題

〔1〕次の（　　　）に適語を入れてください。

（1）私はテニスをしたい。

I (　　　) (　　　) play tennis.

（2）私はあなたにテニスをしてもらいたい。

I (　　　) (　　　) (　　　) play tennis.

（3）私はテニスをしたくない。

I (　　　) (　　　) (　　　) play tennis.

（4）私はテニスをしたくなかった。

I (　　　) (　　　) (　　　) play tennis.

（5）トニーに勉強しなさいと言いなさいよ。

(　　　) (　　　) (　　　) study.

（6）あなたを手伝ってくれるようにトニー君に頼みなさいよ。

(　　　) (　　　) (　　　) help you.

（7）それでは、私がトニー君に私を手伝わないように言いますよ。

Then I'll (　　　) Tony (　　　) (　　　) help me.

（8）それでは、私がトニーさんにここで勉強しないように頼みますよ。

Then I'll (　　　) Tony (　　　) (　　　) study here.

解 答 と 解 説

（1）want to　　（2）want you to

（3）don't want to　　（4）didn't want to

（5）Tell Tony to　　（6）Ask Tony to

（7）tell/not to　　（8）ask/not to

（1）と（2）は、

I want to ～. は、私は～したい。」、I want you to ～. は、「私はあなたに～してもらいたい。」になる法則

を使うと解けます。

（3）と（4）は、

I want to ～ . の否定文は、I don't want to ～. I wanted to ～. の否定文は、I didn't want to ～. になる法則

（5）と（6）は、

I'll tell Tony to ～. は、「私はトニー君に～するように言うよ。」
I'll ask Tony to ～. は、「私はトニー君に～してくれるように頼むよ。」
となる法則

（7）と（8）は、

to ＋動詞を否定にしたいときに、not to ＋動詞にすることで、～しないようにをあらわすことができるので、I'll tell Tony not to ～. は、「私がトニー君に～しないように言うよ。」I'll ask Tony not to ～. は、「私がトニー君に～しないように頼むよ。」となる法則

を使うと解けます。

〔2〕次の（　　　）に適語に入れてください。

（1）私はあなたをしあわせにしますよ。
　I'll (　　　　) you (　　　　).

（2）そのニュースは私たちをしあわせな気持ちにしてくれた。
　The news (　　　　) us (　　　　).

解答と解説

（1）make/happy　（2）made/happy

（1）と（2）は、

make A B. で「A を B にする」をあらわすことができる。A のところに人だけではなく、物もくる。B には、名詞、形容詞、過去分詞形がくる法則

を使うと解けます。

18 接続詞の that の使い方をマスターする方法

文法的に完全な英文の前に that を置くと、文を名詞のはたらきをするかたまりに変えることができる。日本語訳は、「〜だということ」となる法則

例題 1　次の（　　　）に適語を入れてください。

（1）トニーさんは先生です。　Tony (　　　) a teacher.

（2）トニーさんが先生であるということ

(　　　) Tony is a teacher

（3）私はトニーさんを知っています。　I know (　　　).

（4）私はトニーさんが先生であるということを知っています。

I know (　　　) Tony is a teacher.

is の左側に多くの単語がきているときは、that 以下のかたまりの部分を it で置きかえて言うことがふつうである法則

例題 2　次の（　　　）に適語を入れてください。

（1）それは本当ですよ。

(　　　) is true.

（2）トニーさんが先生であるということ

(　　　) Tony is a teacher

（3）トニーさんが先生であるということは本当ですよ。

(　　　) is true (　　　) Tony is a teacher.

〔It seems that ＋完全な英文.〕で「だれだれが〜のように見えます。」をあらわす法則

例題 3　次の（　　　）に適語を入れてください。

酒井さんは親切なように見えます。

(　　　) (　　　) (　　　) Ms. Sakai is kind.

文法的に完全な英文の前に（　　　）を置くと、文を（　　　）のはたらきをする（　　　）に変えることができる。日本語訳は、「（　　　）」となる法則

解 答 例題1

（1）トニーさんは先生です。　Tony (is) a teacher.

（2）トニーさんが先生であるということ　(that) Tony is a teacher

（3）私はトニーさんを知ってます。　I know (Tony).

（4）私はトニーさんが先生であるということを知っています。
I know (that) Tony is a teacher.

is の（　　　）に多くの単語がきているときは、that 以下のかたまりの部分を（　　　）で置きかえて言うことがふつうである法則

解 答 例題2

（1）それは本当ですよ。
(It) is true.

（2）トニーさんが先生であるということ
(that) Tony is a teacher

（3）トニーさんが先生であるということは本当ですよ。
(It) is true (that) Tony is a teacher.

〔（　　　）（　　　）（　　　）＋完全な英文.〕で「だれだれが～のように見えます」。をあらわす法則

解 答 例題3

酒井さんは親切なように見えます。
(It) (seems) (that) Ms. Sakai is kind.

〔It is said〔セッ・〕 that ＋完全な英文.〕で「〜だそうですよ」をあらわす法則

(例題 1) 次の（　　　）に適語を入れてください。

酒井さんは先生をしているそうですよ。

(　　　) (　　　) (　　　) (　　　) Ms. Sakai is a teacher.

主語＋動詞＋ that ＋完全な英文. のパターンをとる動詞には、know〔ノーゥ〕（〜を知っている）、think〔スィンクッ〕(〜だと思っている、〜だと考えている)、believe〔ビリーヴッ〕（〜だと信じている）、understand〔アンダァステァンドゥッ〕（〜だと理解している、〜だそうです）、hear〔ヒアァ〕（〜だそうです）、remember〔ゥリメンバァ〕（〜ということを覚えている）などがあるが、主語の次に動詞のかわりに be 動詞＋形容詞がくることがある。このパターンで使える形容詞は、sure〔シュアァ〕（きっと〜すると思って）、happy〔ヘァピィ〕（〜をうれしく思って）、sad〔セァッ・〕（〜を悲しく思って）、sorry〔ソーゥリィ〕（〜を残念に思って）などがある法則

(例題 2) 次の（　　　）に適語を入れてください。

（1）私はあなたは成功すると思いますよ。

I (　　　) (　　　) you will succeed.〔サクッスィードゥッ〕

（2）私はきっとあなたは成功すると思っていますよ。

I (　　　) (　　　) (　　　) you will succeed.

（3）私はあなたがここに来ていてくれていることをうれしく思っていますよ。

I (　　　) (　　　) (　　　) you are here.

〔(　　　　)(　　　　)(　　　　)(　　　　)＋完全な文.〕で「〜だそうですよ」をあらわす法則

解 答 (例題１)

酒井さんは先生をしているそうですよ。

(It) (is) (said) (that) Ms. Sakai is a teacher.

(　　　　)＋(　　　　)＋(　　　　)＋完全な英文．のパターンをとる動詞には、(　　　　)(〜を知っている)、(　　　　)(〜だと思っている、〜だと考えている)、(　　　　)(〜だと信じている)、(　　　　)(〜だと理解している、〜だそうです)、(　　　　)(〜だそうです)、remember (〜ということを覚えている) などがあるが、主語の次に動詞のかわりに (　　　　)＋(　　　　) がくることがある。このパターンで使える (　　　　) は、(　　　　)(きっと〜すると思って)、(　　　　)(〜をうれしく思って)、(　　　　)(〜を悲しく思って)、(　　　　)(〜を残念に思って) などがある法則

解 答 (例題２)

(１) 私はあなたは成功すると思いますよ。
I (think) (that) you will succeed.〔サクッスィードゥッ〕

(２) 私はきっとあなたは成功すると思っていますよ。
I (am) (sure) (that) you will succeed.

(３) 私はあなたがここに来ていてくれていることをうれしく思っていますよ。
I (am) (happy) (that) you are here.

練習問題

〔1〕次の日本語にあたる英語を（　　　）に入れてください。

（1）トニーさんは先生だそうです。

(a) (　　　) (　　　) (　　　) (　　　) Tony is a teacher.

(b) I (　　　) (　　　) Tony is a teacher.

(c) I (　　　) (　　　) Tony is a teacher.

（2）トニーさんはいそがしいように見えます。

(　　　) (　　　) (　　　) Tony is busy.

解 答 と 解 説

（1）(a) It is said that　(b)（c) hear　または understand that

（2）It seems that

（1）(a) は、

「It is said〔セッ・〕that ＋完全な英文.」で「〜だそうですよ。」をあらわす法則

（1）(b)（c) は、

主語＋動詞＋ that ＋完全な文. のパターンをとる動詞には、understand (〜だと理解している、〜だそうです)、hear (〜だそうです) などがある法則

（2）は次の方法を使うとを解けます。

「〔It seems that ＋完全な英文.〕で「だれだれが〜のように見えます。」をあらわす法則

〔2〕次の（　　　）に適語を入れてください。

（1）私はきっとあなたはそのテストに受かると思っています。

I (　　　) (　　　) (　　　) you will pass the test.

（2）私は直美さんがここにいないのを残念に思います。

I (　　　) (　　　) (　　　) Naomi isn’t here.

解答と解説

（1）am sure that　（2）am sorry that

〔主語＋ be 動詞＋形容詞＋ that ＋完全な英文.〕の中で使える形容詞には sure（きっと～すると思って）、sorry（～を残念に思って）などがある法則

〔3〕次の英語を It を使って書きかえてください。

トニーさんが先生であるということは本当です。

That Tony is a teacher is true.

It ______________________________.

解答と解説

It is true that Tony is a teacher.

is の左側に多くの単語がきているときは、that 以下のかたまりの部分を it で置きかえて言うことがふつうである法則

〔4〕次の（　　　）に適当な日本語を入れてください。

（1）I know that Tony lives here.

私はトニーさんがここに住んでいる（　　　　　　　　　）。

（2）I believe that Tony will succeed.

私はトニーさんが成功するだろう（　　　　　　　　　）。

（3）It is true that Tony passed the test.

トニーさんがそのテストに受かった（　　　　　　　　　）。

解答と解説

（1）ということを知っています　（2）ということを信じています

（3）ということは本当ですよ

文法的に完全な英文の前に that を置くと、文を名詞のはたらきをするかたまりに変えることができる。日本語訳は、「～だということ」となる法則

19 現在完了形を理解して使いこなせるようにしよう

現在完了形とは、過去の状態を今ももっていると考えて、have ＋過去分詞形であらわすことができる文法で、過去から今まで続いているという現在完了形の継続用法を have ＋過去分詞形であらわせる法則

（例題 1） 現在完了形の継続用法を、どのようなパターンを使ってあらわせばよいか答えてください。

現在完了形の継続（けいぞく）用法で have ＋過去分詞形といっしょによく使うのが、since〔スィンスッ〕（～から今まで）、for〔フォ〕（～の間）と覚えるとよい法則

（例題 2） 次の（　　　）に適語を入れてください。

（1）私はきのうから今までいそがしくしています。

I (　　　) (　　　) busy (　　　) yesterday.

（2）私は 2 日間いそがしくしています。

I (　　　) (　　　) busy (　　　) two days.

since と過去をあらわすことば yesterday〔イェスタデーィ〕きのう、と last year〔レァスチャァ〕去年（きょねん）、をいっしょに使うことができる法則

（例題 3） 次の（　　　）に適語を入れてください。

（1）私は去年から丹波篠山に住んでいます。

I (　　　) (　　　) in Tamba-Sasayama (　　　)
(　　　) (　　　).

（2）私はきのうから今までいそがしくしています。

I (　　　) (　　　) busy (　　　) (　　　).

現在完了形とは、過去の（　　　　）を（　　　　）ももっていると考えて、（　　　　）＋（　　　　）であらわすことができる文法で、過去から今まで（　　　　）という現在完了形の（　　　　）用法を（　　　　）＋（　　　　）であらわせる法則

解 答 例題1

過去から今まで続いているという意味を have ＋過去分詞形を使ってあらわせばよい。

現在完了形の継続（けいぞく）用法で、have ＋過去分詞形と（　　　　）よく使うのが、（　　　　）（～から今まで）、for（～の間）と覚えるとよい法則

解 答 例題2

（1）私はきのうから今までいそがしくしています。
I (have) (been) busy (since) yesterday.

（2）私は2日間いそがしくしています。
I (have) (been) busy (for) two days.

（　　　　）と過去をあらわすことば（　　　　）〔イェスタデーィ〕きのう、と（　　　　）（　　　　）〔レァスチャァ〕去年（きょねん）、をいっしょに使うことができる法則

解 答 例題3

私は去年から丹波篠山に住んでいます。
I (have) (lived) in Tamba-Sasayama (since) (last) (year).

私はきのうから今までいそがしくしています。
I (have) (been) busy (since) (yesterday).

（例）	原形	過去分詞形
住んでいる	live〔リヴッ〕	lived〔リヴッドゥッ〕
～を知っている	know〔ノーゥ〕	known〔ノーゥンヌ〕
～をもっている	have〔ヘァヴッ〕	had〔ヘアッ・〕
勉強する	study〔スタディ〕	studied〔スタディドゥッ〕

例題 1　次の（　　　）に適語を入れてください。

私は 6 年間酒井さんを知っています。

I (　　　) (　　　) Ms. Sakai (　　　) six years.

5 年前を five years ago と言うが、現在完了形では、ago〔アゴーゥ〕前、と since をいっしょに使うことができないので、for five years（5 年間）を使う法則

例題 2　次の英文のどこかがまちがっています。正しい言い方で書きかえてください。

〔正しくない文〕I have lived here ten years ago.

〔正しい文〕＿＿＿＿＿＿＿＿＿＿＿＿＿＿＿＿

現在完了形の経験用法は、過去の経験を今も心に大切にもち続けているときに、使うことができる用法で have ＋過去分詞形であらわす。ただし、アメリカ英語では、過去形で代用することが多く、このようなときに ever〔エヴァ〕今までに、never〔ネヴァ〕1 回もない、といっしょに使うことがある法則

例題 3　次の（　　　）に適語を入れて、日本語を 2 種類の英語の言い方であらわしてください。

あなたは今までに東京タワーを見たことがありますか。

（1）(　　　) you (　　　) (　　　) Tokyo Tower?

（2）(　　　) you (　　　) (　　　) Tokyo Tower?

（例）	原形	過去分詞形
住んでいる	（　　　）	（　　　）
～を知っている	（　　　）	（　　　）
～をもっている	（　　　）	（　　　）
勉強する	（　　　）	（　　　）

解 答 例題１

私は６年間酒井さんを知っています。

I (have) (known) Ms. Sakai (for) six years.

５年前を（　　　）（　　　）（　　　）と言うが、現在完了形では、（　　　）〔アゴーゥ〕前、と（　　　）をいっしょに使うことができないので、（　　　）（　　　）（　　　）（５年間）を使う法則

解 答 例題２

〔正しくない文〕 I have lived here ten years ago.

〔正しい文〕 I have lived here for ten years.

現在完了形の（　　　）用法は、過去の（　　　）を今も心に大切に（　　　）ときに、使うことができる用法で（　　　）＋（　　　）であらわす。ただし、アメリカ英語では、（　　　）で代用することが多く、このようなときに（　　　）〔エヴァ〕今までに、never〔ネヴァ〕１回もない、といっしょに使うことがある法則

解 答 例題３

あなたは今までに東京タワーを見たことがありますか。

（１）(Have) you (ever) (seen) Tokyo Tower?

（２）(Did) you (ever) (see) Tokyo Tower?

Have you ever ～?と聞かれたときは、「いいえ、1 回もありません。」と答えたいときは、（1）No, I haven't.　（2）No, I never have.（3）No, never. の 3 つの答え方がある法則

（例題 1） 次の（　　　）に適語を入れてください。

あなたは今までにライオンを見たことはありますか。

(　　　　) you (　　　　) (　　　　) a lion?

「はい、あります。」　Yes, I (　　　　).

「いいえ、私は 1 回もありません。」

① No, I (　　　　).

② No, I (　　　　) (　　　　).

③ No, (　　　).

「私は～へ行ったことがあります。」を I have been to ～ . であらわすことができる法則

（例題 2） 次の（　　　）に適語を入れてください。

私は丹波篠山へ行ったことがあります。

I (　　　　) (　　　　) (　　　　) Tamba-Sasayama.

once〔ワンスッ〕1 回のかわりに one time、twice〔チュ ワーィ スッ〕(2 回) のかわりに two times を使うことができる法則

（例題 3） 次の英語を time を使った英語で書きかえてください。

（ア）once = (　　　　　　　　　　)

（イ）twice = (　　　　　　　　　　)

（例題 4） 次の日本語を英語に直してください。

私は丹波篠山へ 3 回行ったことがあります。

____

Have you ever ～？と聞かれたときは、「いいえ、１回もありません。」と答えたいときは、（１）No, I（　　　　）.（２）No, I（　　　　）（　　　　）.（３）No,（　　　　）. の３つの答え方がある法則

解 答 例題１

あなたは今までにライオンを見たことがありますか。

(Have) you (ever) (seen) a lion?

「はい、あります。」 Yes, I (have).

「いいえ、私は１回もありません。」

① No, I (haven't).

② No, I (never) (have).

③ No, (never).

「私は～へ行ったことがあります。」を I（　　　　）（　　　　）（　　　　）～. であらわすことができる法則

解 答 例題２

私は丹波篠山へ行ったことがあります。

I (have) (been) (to) Tamba-Sasayama.

（　　　　）〔ワンスッ〕１回のかわりに（　　　　）（　　　　）、（　　　　）〔チュ ワーィスッ〕（２回）のかわりに（　　　　）（　　　　）を使うことができる法則

解 答 例題３

（ア）once = (one time)

（イ）twice = (two times)

解 答 例題４

私は丹波篠山へ３回行ったことがあります。

<u>I have been to Tamba-Sasayama three times.</u>

have gone〔ゴーンヌ〕to には、「〜へ行ってしまって今はここにいない」のような意味があるので、「〜へ行ったことがある」は、have been to 〜と中学英語では教えている。ただし、アメリカ英語では、have gone to 〜を have been to 〜のかわりに使うこともあるが、テストでは、have been to 〜（〜へ行ったことがある）を使って解答した方がよい法則

(例題 1) 次の（　　　）に適語を入れてください。

（1）直美さんは東京へ行ったことがあります。

Naomi (　　　　) (　　　　) (　　　　) Tokyo.

（2）直美さんは東京へ行ってしまってここにはいません。

Naomi (　　　　) (　　　　) (　　　　) Tokyo.

(例題 2) 次の英語のかわりに、アメリカ英語ではなんと言いますか。

あなたは今までに東京へ行ったことはありますか。

Have you ever been to Tokyo?

〔アメリカ英語〕Have you ever ＿＿＿＿＿＿ Tokyo?

現在完了形の完了用法は、already〔オーオゥ レディ〕（もうすでに）just〔ヂァ スッ トゥッ〕（ちょうど今）を使って何かが完了したことをあらわすことができる法則

(例題 3) 次の（　　　）に適語を入れてください。

（1）私はちょうど昼食をとったところです。

I (　　　　) (　　　　) eaten lunch.

（2）私はもうすでに昼食をとりました。

I (　　　　) (　　　　) eaten lunch.

〈ヒント〉〜を食べる　eat〔イートゥッ〕の過去分詞形 eaten〔イートゥ ンヌ〕

（　　　）（　　　）（　　　）には「～へ行ってしまって今はここにいない」のような意味があるので、「～へ行ったことがある」は、（　　　）（　　　）（　　）～と中学英語では教えている。ただし、アメリカ英語では（　　　）（　　　）（　　）～を have been to ～のかわりに使うこともあるが、テストでは、（　　）（　　）（　　）～（～へ行ったことがある）を使って解答した方がよい法則

解 答 (例題1)

（１）直美さんは東京へ行ったことがあります。
Naomi (has) (been) (to) Tokyo.

（２）直美さんは東京へ行ってしまってここにはいません。
Naomi (has) (gone) (to) Tokyo.

解 答 (例題2)

あなたは今までに東京へ行ったことはありますか。
Have you ever been to Tokyo?
〔アメリカ英語〕Have you ever gone to Tokyo?

現在完了形の（　　　）用法は、（　　　）〔オーオゥ レディ〕（もうすでに）（　　　）〔ヂァ スッ トゥッ〕（ちょうど今）を使って何かが（　　　）したことをあらわすことができる法則

解 答 (例題3)

（１）私はちょうど昼食をとったところです。
I (have) (just) eaten lunch.

（２）私はもうすでに昼食をとりました。
I (have) (already) eaten lunch.

現在完了形の完了用法で、〔Have you ＋過去分詞形〜?〕の最後にyetを使って、「もう〜しましたか」、〔have not ＋過去分詞形＋〜yet〕で「まだ〜していません」をあらわすことができる法則

（例題 1） 次の（　　　）に適語を入れてください。

（1）あなたはもう昼食をとりましたか。

(　　　) you (　　　) lunch (　　　)?

（2）私はまだ昼食をとっていません。

I (　　　) (　　　) (　　　) lunch (　　　).

現在完了形の結果用法とは、完了した動作の状態がそのまま残っているということを〔have ＋過去分詞形〕であらわすことができる法則

（例題 2） 次の（　　　）に適語を入れてください。

（1）さゆりさんは歌手になって、今も歌手をしています。

〈ヒント〉〜になる become〔ビカムッ〕の過去分詞形も become

Sayuri (　　　) (　　　) a singer.

（2）私は私の腕(うで)時計を失(うしな)ったままです。

〈ヒント〉〜を失う lose〔ルーズッ〕の過去分詞形 lost〔ロースットゥッ〕

I (　　　) (　　　) my watch.

日本語の「〜しちゃった」という日本語は、現在完了形の結果をあらわしている法則

（例題 3） 次の（　　　）に適語を入れてください。

私は私のかばんをバスに置き忘れてきちゃった。

〈ヒント〉〜を置き忘れる leave〔リーヴッ〕の過去分詞形は left〔レフットゥッ〕

I (　　　) (　　　) my bag on the bus.

現在完了形の（　　　　）用法で、〔(　　　　) you ＋ (　　　　) ～?〕の最後に (　　　　) を使って、「(　　　　　　　　)」、〔(　　　　) not ＋過去分詞形＋～ (　　　　)〕で「(　　　　　　　　)」をあらわすことができる法則

解 答 例題１

（１）あなたはもう昼食をとりましたか。
(Have) you (eaten) lunch (yet)?

（２）私はまだ昼食をとっていません。
I (have) (not) (eaten) lunch (yet).

現在完了形の（　　　　）用法とは、（　　　　）した動作の状態が（　　　　）残っているということを〔(　　　　) ＋ (　　　　)〕であらわすことができる法則

解 答 例題２

（１）さゆりさんは歌手になって、今も歌手をしています。
Sayuri (has) (become) a singer.

（２）私は私の腕時計を失ったままです。
I (have) (lost) my watch.

日本語の「(　　　　　　　　)」という日本語は、現在完了形の（　　　　）をあらわしている法則

解 答 例題３

私は私のかばんをバスに置き忘れてきちゃった。
I (have) (left) my bag on the bus.

話の流れによって、1つの現在完了形の英文が、経験、継続、完了、結果の意味になることもあるので、あまり用法を気にし過ぎることはない法則

（例題 1） 次の英文を継続用法と経験用法の両方に意味をとった場合、適当な日本語に訳してください。

I have lived here for five years.

〔継続用法〕

＿＿＿＿＿＿＿＿＿＿＿＿＿＿＿＿＿＿＿＿

〔経験用法〕

＿＿＿＿＿＿＿＿＿＿＿＿＿＿＿＿＿＿＿＿

継続の意味であることを相手にはっきり伝えたいときは、I have lived here for the past〔または last〕five years. または I have lived here for five years now. のように言うと、継続の意味しかあらわさない法則

（例題 2） 次の（　　　）に適語を入れてください。

私は過去 5 年間ここに住んでいます。

〈ヒント〉去(さ)ったばかりの、最近の the past〔ざ　ペァ スッ トゥッ〕ここ最近の last〔レァ スットゥッ〕

（1）私は過去 5 年間ここに住んでいます。
I have lived here (　　　)(　　　)(　　　) five years.

（2）私はここ 5 年間ここに住んでいます。
I have lived here (　　　)(　　　)(　　　) five years.

（3）私は今まで 5 年間ここに住んでいます。
I have lived here for five years (　　　).

話の流れによって、１つの現在完了形の英文が、(　　　　)、(　　　　)、(　　　　)、(　　　　)の意味になることもあるので、あまり用法を気にし過ぎることはない法則

解 答 (例題１)

I have lived here for five years.

〔継続用法〕私は５年間ここに住んでいます。

〔経験用法〕私は５年間ここに住んでいたことがあります。

(　　　　)の意味であることを相手にはっきり伝えたいときは、I have lived here for the (　　　　)〔または (　　　　)〕five years. または I have lived here for five years now. のように言うと、(　　　　)の意味しかあらわさない法則

解 答 (例題２)

（１）私は過去５年間ここに住んでいます。
I have lived here (for) (the) (past) five years.

（２）私はここ５年間ここに住んでいます。
I have lived here (for) (the) (last) five years.

（３）私は今まで５年間ここに住んでいます。
I have lived here for five years (now).

How many times ＝ How often ＝「何回」をあらわす法則

例題 1　次の（　　　）に適語を入れてください。

あなたは何回松本城を訪（おとず）れたことがありますか。

《ヒント》城　castle〔キャソー〕

（1）(　　　　) (　　　　) (　　　　) have you (　　　　) Matsumoto Castle?

（2）(　　　　) (　　　　) have you (　　　　) Matsumoto Castle?

How long ＝ Since when ＝「いつから、どれぐらい」をあらわす法則

例題 2　次の（　　　）に適語を入れてください。

あなたはいつから丹波篠山に住んでいますか。

(　　　　) (　　　　) have you lived in Tamba-Sasayama?

(　　　　) when have you lived in Tamba-Sasayama?

just〔ヂァスットゥッ〕（ちょうど今）は、現在完了形のかわりに過去形を使うこともできるが、just now（たった今）は過去形でしか使えない法則

例題 3　次の（　　　）に適語を入れてください。

（1）トニーはちょうど今出かけましたよ。

(a) Tony (　　　　) (　　　　) (　　　　).

(b) Tony (　　　　) (　　　　).

（2）トニーはたった今出かけましたよ。

Tony left (　　　　) (　　　　).

（　　　）（　　　）（　　　）＝（　　　）（　　　）＝「何回」をあらわす法則

解 答 例題１

あなたは何回松本城を訪れたことがありますか。

（１）(How) (many) (times) have you (visited) Mastumoto Castle?

（２）(How) (often) have you (visited) Matsumoto Castle?

（　　　）（　　　）＝（　　　）（　　　）「いつから、どれぐらい」をあらわす法則

解 答 例題２

あなたはいつから丹波篠山に住んでいますか。

(How) (long) have you lived in Tamba-Sasayama?

(Since) when have you lived in Tamba-Sasayama?

（　　　）（ちょうど今）は、現在完了形のかわりに（　　　）を使うこともできるが、（　　　）（　　　）（たった今）は（　　　）でしか使えない法則

解 答 例題３

（１）トニーはちょうど今出かけましたよ。

(a) Tony (has) (just) (left).

(b) Tony (just) (left).

（２）トニーはたった今出かけましたよ。

Tony left (just) (now).

today（きょう）と this morning（今朝）は、現在完了形で今のこと、過去形で過去のこととして使うことができる法則

例題 1　次の条件にあう英語を書いてください。

（1）私はきょうはずっといそがしい。
〔today を現在としてとらえている場合〕
I (　　　) (　　　) busy (　　　).

（2）私はきょうはいそがしかった。
〔today を過去のこととしてとらえている場合〕
I (　　　) busy (　　　).

（3）私は今朝はまだその新聞を読んでいません。
〔this morning を現在のこととしてとらえている場合〕
I (　　　) (　　　) the paper (　　　) (　　　) (　　　).

（4）私は今朝はその新聞を読まなかった。
〔this morning を過去のこととしてとらえている場合〕
I (　　　) (　　　) the paper (　　　) (　　　).

when〔いつ〕は現在完了形では使えないが、since when〔いつから〕は現在完了形で how long のかわりに使える法則

例題 2　次の（　　　）に適語を入れてください。

（1）あなたはいつからここに住んでいましたか。
(　　　) (　　　) you (　　　) here?

（2）あなたはいつからここに住んでいるのですか。
① (　　　) (　　　) (　　　) you (　　　) here?
② (　　　) (　　　) (　　　) you (　　　) here?

（　　　　）（きょう）と（　　　　）（　　　　）（今朝）は、（　　　　）で今のこと、（　　　　）で過去のこととして使うことができる法則

解 答 例題1

（1）私はきょうはずっといそがしい。

〔today を現在としてとらえている場合〕

I (have) (been) busy (today).

（2）私はきょうはいそがしかった。

〔today を過去のこととしてとらえている場合〕

I (was) busy (today).

（3）私は今朝はまだその新聞を読んでいません。

〔this morning を現在のこととしてとらえている場合〕

I (haven't) (read)the paper (this) (morning) (yet).

（4）私は今朝はその新聞を読まなかった。

〔this morning を過去のこととしてとらえている場合〕

I (didn't) (read) the paper (this) (morning).

（　　　　）〔いつ〕は（　　　　）では使えないが、（　　　　）（　　　　）〔いつから〕は（　　　　）で（　　　　）（　　　　）のかわりに使える法則

解 答 例題2

（1）あなたはいつからここに住んでいましたか。

(When) (did) you (live) here?

（2）あなたはいつからここに住んでいるのですか。

① (How) (long) (have) you (lived) here?

② (Since) (when) (have) you (lived) here?

have just been to ～は、「ちょうど～へ行って帰って来たところだ。」の法則

例題 1　次の（　　　）に適語を入れてください。

私はちょうど東京タワーへ行って帰って来たところです。

I (　　　) (　　　) (　　　) (　　　) Tokyo Tower.

一時的にずっと～にいるときは、have been in ～ . の法則

例題 2　次の（　　　）に適語を入れてください。

私はきのうから丹波篠山にいます。

I (　　　) (　　　) (　　　) Tamba-Sasayama (　　　) yesterday.

Where have you been? (どこへ行っていたの。) と聞かれたときの I have been to ～ . は (私は～へ行って帰って来たところだ。) という意味しかない法則

例題 3　次の（　　　）に適語を入れてください。

（1）あなたはどこへ行っていたの。

(　　　) (　　　) you (　　　)?

（2）私は東京タワーへ行って帰って来たところですよ。

I (　　　) (　　　) (　　　) Tokyo Tower.

「お元気ですか。」は How are you?　「お元気でしたか。」は、How have you been? と覚えればよい法則

例題 4　次の（　　　）に適語を入れてください。

お元気でしたか。

(　　　) (　　　) you (　　　)?

（　　　）（　　　）（　　　）（　　　）～は、「ちょうど～へ行って帰って来たところだ。」の法則

解 答 例題1

私はちょうど東京タワーへ行って帰って来たところです。

I (have) (just) (been) (to) Tokyo Tower.

一時的にずっと～にいるときは、（　　　）（　　　）（　　　）～. の法則

解 答 例題2

私はきのうから丹波篠山にいます。

I (have) (been) (in) Tamba-Sasayama (since) yesterday.

（　　　）（　　　）（　　　）（　　　）?（どこへ行っていたの。）と聞かれたときの I have been to ～. は（　　　　　　　）という意味しかない法則

解 答 例題3

（1）あなたはどこへ行っていたの。

(Where) (have) you (been)?

（2）私は東京タワーへ行って帰って来たところですよ。

I (have) (been) (to) Tokyo Tower.

「お元気ですか。」は、（　　　）（　　　）（　　　）?　「お元気でしたか。」は、How（　　　）you（　　　）?　と覚えればよい法則

解 答 例題4

お元気でしたか。

(How) (have) you (been)?

練習問題

〔1〕次の動詞の原形と過去分詞形を〔　　　　〕に書いてください。

	原形	過去分詞形
(1) ～を食べる	〔　　　　〕	〔　　　　〕
(2) ～を読む	〔　　　　〕	〔　　　　〕
(3) ～を勉強している	〔　　　　〕	〔　　　　〕
(4) 住む、住んでいる	〔　　　　〕	〔　　　　〕
(5) ～を知っている	〔　　　　〕	〔　　　　〕
(6) ～をもっている	〔　　　　〕	〔　　　　〕
(7) 行く	〔　　　　〕	〔　　　　〕
(8) ～を訪(おとず)れる	〔　　　　〕	〔　　　　〕
(9) ～を失(うしな)う	〔　　　　〕	〔　　　　〕
(10) ～になる	〔　　　　〕	〔　　　　〕
(11) です、いる	〔　　　　〕	〔　　　　〕
(12) ～を見る	〔　　　　〕	〔　　　　〕

解答と解説

原形	過去分詞形
(1) eat〔イートゥッ〕	eaten〔イートゥ ンヌ〕
(2) read〔ゥ リードゥッ〕	read〔ゥ レッドゥッ〕
(3) study〔スタディ〕	studied〔スタディ ドゥッ〕
(4) live〔リヴッ〕	lived〔リヴッドゥッ〕
(5) know〔ノーゥ〕	known〔ノーゥ ンヌ〕
(6) have〔ヘァ ヴッ〕	had〔ヘァッドゥッ〕
(7) go〔ゴーゥ〕	gone〔ゴーンヌ〕
(8) visit〔ヴィズィットゥッ〕	visited〔ヴィズィッティ ドゥッ〕
(9) lose〔ルーズッ〕	lost〔ロースットゥッ〕
(10) become〔ビカムッ〕	become〔ビカムッ〕
(11) be〔ビー〕	been〔ビ(ー)ンヌ〕
(12) see〔スーィ〕	seen〔スィーンヌ〕

ここをまちがえる

原形	現在形	過去形	過去分詞形
read〔ゥ リードゥッ〕	read〔ゥ リードゥッ〕 reads〔ゥ リーヅッ〕	read〔ゥ レッ・〕	read〔ゥ レッ・〕

〔2〕次の（　　　）に適語を入れてください。

（1）私はきのうから（ずっと）いそがしい。

I (　　　) (　　　) (　　　) (　　　) yesterday.

（2）私は2日間いそがしくしています。

I (　　　) (　　　) (　　　) (　　　) two days.

（3）私は丹波篠山(たんばささやま)に50年前から住んでいます。

I (　　　) (　　　) (　　　) Tamba-Sasayama (　　　) fifty years.

（4）私は酒井さんを6年前から知っています。

I (　　　) (　　　) Ms. Sakai (　　　) six years.

解 答 と 解 説

（1）have been busy since　（2）have been busy for

（3）have lived in/for　（4）have known/for

（1）と（2）は、

現在完了形の継続用法で、have＋過去分詞形といっしょによく使うのが、since〔スィンスッ〕（～から今まで）、for〔フォ〕～（～の間）と覚えるとよい法則

を使うと解けます。

（3）と（4）は、

5年前をfive years agoと言うが、現在完了形ではago〔アゴーゥ〕（前）とsinceをいっしょに使うことができないので、for five years（5年間）を使う法則

を使うと解けます。

〔3〕次の（　　　）に適語を入れてください。

（1）あなたは今までに東京タワーを見たことがありますか。
(　　　) you (　　　) (　　　) Tokyo Tower?

（2）私は東京タワーを見たことが１回もありません。
I (　　　) (　　　) (　　　) Tokyo Tower.

解答と解説

（1）Have / ever seen

（2）have never seen

過去の経験を今も心に大切にもち続けているときに使うことができる用法で、have ＋過去分詞形であらわす、ever〔エヴァ〕今までに、never〔ネヴァ〕１回もない、といっしょに使うことがある法則

を使うと解けます。

〔4〕次の（　　　）に適語を入れてください。

（1）「あなたは今までに東京タワーを見たことがありますか。」
"(　　　) you (　　　) (　　　) Tokyo Tower?"

（2）「いいえ、私は１回もありません。」
(a) "No, I (　　　)."
(b) "No, I (　　　) (　　　)."
(c) "No, (　　　)."

解答と解説

（1）Have / ever seen

（2）(a) haven't　(b) never have　(c) never

「Have you ever ～ ?」と聞かれたときは、「いいえ、1 回もありません。」と答えたいときは、（1）No, I haven't.　（2）No, I never have.　（3）No, never. の 3 つの答え方がある法則

を使うと解けます。

〔5〕次の（　　　）に適語を入れてください。

あなたは今までに篠山（ささやま）城に行ったことはありますか。

（1）Have you (　　　) (　　　) (　　　) Sasayama Castle?

（2）Have you (　　　) gone (　　　) Sasayama Castle?

（3）(　　　) you (　　　) (　　　) to Sasayama Castle?

解答と解説

（1）ever been to　（2）ever/to　（3）Did/ever go

アメリカ英語では、ever、never といっしょに使って、現在完了形のかわりに過去形を使うことがある法則

を使うと解けます。

〔6〕次の（　　　）に適語を入れてください。

（1）あなたはもう昼食をとりましたか。

(　　　) you (　　　) lunch (　　　)?

（2）私はまだ昼食をとっていません。

I (　　　) (　　　) (　　　) lunch (　　　).

（3）私はちょうど（今）昼食をとったところです。

I (　　　) (　　　) (　　　) lunch.

（4）私はもう（すでに）昼食をとりました。

I (　　　) (　　　) (　　　) lunch.

解答と解説

（1）Have/eaten/yet　（2）have not eaten/yet

（3）have just eaten　（4）have already eaten

（1）と（2）は、次の法則を使うと解けます。

現在完了形の完了用法で、〔Have you ＋過去分詞形～?〕の最後に yet を使って、「もう～しましたか」、〔have not ＋過去分詞形＋～ yet〕で「まだ～していません」をあらわすことができる法則

（3）と（4）は、次の法則を使うと解けます。

現在完了形の完了用法は、already〔オーオゥレディ〕（もうすでに）、just〔ヂァストゥッ〕（ちょうど今）、を使って何かが完了したことをあらわすことができる法則

〔7〕次の（　　　）に適語を入れてください。

（1）直美さんはテニスの選手になって、今もテニスの選手です。
　Naomi (　　　) (　　　) a tennis player.

（2）私は私の腕時計を失(うしな)ったままです。
　I (　　　) (　　　) my watch.

解答と解説

（1）has become

（2）have lost

現在完了形の結果用法とは、完了した動作の状態がそのまま残っているということを〔have ＋過去分詞形〕であらわすことができる法則

を使うと解けます。

〔8〕次の（　　　）に適語を入れて、同じ意味にしてください。

（1）あなたは何回熊本城へ行きましたか。
　① (　　　) (　　　) (　　　) (　　　) you (　　　) (　　　) Kumamoto Castle?
　② (　　　) (　　　) have you (　　　) (　　　) Kumamoto Castle?

（2）あなたはいつから丹波篠山(たんばささやま)に住んでいますか。
　① (　　　) (　　　) have you lived in Tamba-Sasayama?
　② (　　　) when have you lived in Tamba-Sasayama?

解 答 と 解 説

（１）① How many times have / been to

② How often / been to

（２）① How long　② Since

（１）は、次の法則を使うと解けます。

How many times ＝ How often」＝「何回」をあらわす法則

（２）は、この法則を使うと解けます。

How long ＝ Since when ＝「いつから、どれぐらい」をあらわす法則

コミュニケーションのための英語情報

(1) 現在完了形は、日本語にはない考え方だと学校の先生がおっしゃるかもしれませんが、日本語にも似(に)たような表現があります。

　私は私の時計を失ったままです。

この日本語があらわしている意味は、（失った状態を今ももっている）という意味なので〔have + lost〕

であらわせることがわかります。

　ただし、「私は私の時計を失ったままです。」という日本語を使うことはめったにありません。ところが、この日本語の内容をあらわす日本語があるのです。それが次の日本語です。

「私は私の時計を失っちゃった。」

　つまり、「～しちゃった」という日本語を英語にしたいときは、〔have + 過去分詞形〕を使えるのです。

(2) Have you + 過去分詞形 ～ already? で驚いた気持ちをあらわして、「あなたはもう～したのですか。」をあらわすことができます。

Have you eaten lunch already?

（あなたはもう昼食をとったのですか。）

20 現在完了形と現在完了進行形との違いを理解しよう

動詞には、動作をあらわす動詞と状態をあらわす動詞があり、状態をあらわす動詞の過去分詞形を使って、現在完了形の継続用法をhave ＋過去分詞形であらわすことができる法則

例題 1　次の（　　　）に適語を入れてください。

私は和田さんを 25 年前から知っています。

I (　　　) (　　　) Ms. Wada (　　　) twenty-five years.

現在完了進行形は、動作をあらわす動詞に ing をつけて、形容詞のはたらきをする単語に変えることによって、[have ＋ been ＋動詞の ing 形] で、過去から今まで「ずっと～している」状態をあらわせる法則

例題 2　次の（　　　）に適語を入れてください。

私は 2 時間ずっと勉強しています。

I (　　　) (　　　) (　　　) (　　　) two hours.

「ずっと～している」という意味の動詞が状態をあらわす動詞と考えるとよい。そして、一時的にしているという意味の形容詞　または　動詞の ing 形のとき、形容詞のはたらきをしていると覚えればよい法則

例題 3　次の（　　　）に適語を入れてください。

私は今朝（けさ）からずっといそがしい。

I (　　　) (　　　) busy (　　　) this morning.

私は今朝（けさ）からずっと勉強しています。

I (　　　) (　　　) (　　　) (　　　) this morning.

動詞には、（　　　　）をあらわす動詞と（　　　　）をあらわす動詞があり、（　　　　）をあらわす動詞の過去分詞形を使って、現在完了形の（　　　　）用法を have ＋過去分詞形であらわすことができる法則

解 答 例題1

私は和田さんを25年前から知っています。

I (have) (known) Ms. Wada (for) twenty-five years.

現在完了進行形は、（　　　　）をあらわす動詞に（　　　　）をつけて、（　　　　）のはたらきをする単語に変えることによって、〔have ＋（　　　　）＋（　　　　）の ing 形〕で、（　　　　）から（　　　　）まで「ずっと～している」状態をあらわせる法則

解 答 例題2

私は2時間ずっと勉強しています。

I (have) (been) (studying) (for) two hours.

「ずっと～している」という意味の動詞が（　　　　）をあらわす（　　　　）と考えるとよい。そして、（　　　　）にしているという意味の形容詞　または　（　　　　）のとき、形容詞のはたらきをしていると覚えればよい法則

解 答 例題3

私は今朝（けさ）からずっといそがしい。

I (have) (been) busy (since) this morning.

私は今朝（けさ）からずっと勉強しています。

I (have) (been) (studying) (since) this morning.

体の一部を動かして何かをする動詞は、動作動詞だと考えることができる。ただし、同じ動詞でも、習慣で使う場合は状態動詞で、動詞に ing をつけて一時的なことをあらわしているときは、動作動詞だと考えればよい法則

例題 1 次の条件にしたがって、英語にしてください。

(1) 池上さんは英語を教えています。〔習慣〕

____

(2) 池上さんは英語を教えています。〔一時的に〕

____

have の次に動作をあらわす動詞の過去分詞形を置くと、完了の意味をあらわす現在完了形になる法則

例題 2 次の条件をよく理解して英語にしてください。

〔動作をあらわす場合〕

私はこの本を読みましたよ。

____

〔動作動詞に ing をつけて状態をあらわす場合〕

私はこの本をずっと読んでいて、今も読んでいますよ。

____

体の（　　　　）を動かして何かをする動詞は、（　　　　）動詞だと考えることができる。ただし、同じ動詞でも、（　　　　）で使う場合は（　　　　）で、動詞に ing をつけて（　　　　）的なことをあらわしているときは、（　　　　）だと考えればよい法則

解 答 （例題1）

（1）池上さんは英語を教えています。〔習慣〕
Mr. Ikegami teaches English.

（2）池上さんは英語を教えています。〔一時的に〕
Mr. Ikegami is teaching English.

have の次に（　　　　）をあらわす動詞の（　　　　）を置くと、（　　　　）の意味をあらわす（　　　　）になる法則

解 答 （例題2）

〔動作をあらわす場合〕
私はこの本を読みましたよ。
I have read this book.

〔動作動詞に ing をつけて状態をあらわす場合〕
私はこの本をずっと読んでいて、今も読んでいますよ。
I have been reading this book.

練習問題

次の英文を正しく書き直してください。

（1）私は直美さんを 6 年前から知っています。
I have been knowing Naomi for six years.

（2）私はこの自転車を 10 年前からもっています。
I have been having this bike for ten years.

（3）私はこの本をずっと読んでいます。
I have read this book.

解 答 と 解 説

（1）I have known Naomi for six years.
（2）I have had this bike for ten years.
（3）I have been reading this book.

（1）と（2）は、

「ずっと～している」という意味の動詞が状態をあらわす動詞と考えるとよい法則

を使うと解けます。

（3）は、次の 2 つの法則を使うと解けます。

have の次に動作をあらわす動詞の過去分詞形を置くと、完了の意味をあらわす現在完了形になる法則

一時的にしているという意味の形容詞または動詞の ing 形のとき、形容詞のはたらきをしていると覚えればよい法則

ここが大切（まとめて覚えましょう）

お元気ですか。
How are you?
お元気でしたか。
How have you been?
君はどこにいるの。〔電話〕
Where are you?
君はどこに行っていたの。
Where have you been?

〈have = have got = ‘ve got〉
have よりも強い意味の have got
私は車をもっています。
I have a car.
私は車をもっていて乗りまわしていますよ。
I’ve got a car.
私はもう帰らなければなりません。
I have to go now.
（帰らないといけない時間がきてしまったので）私はもう帰らないといけません。
I’ve got to go now.
〈has rained と has been raining とのちがい〉
2日間くり返し雨が降っています。
It has rained for two days.
2日間雨が降り続いています。
It has been raining for two days.

21 関係代名詞の使い方をマスターしよう

関係代名詞は、人称代名詞(にんしょうだいめいし)の主格のかわりに使える who、所有格のかわりに使える whose、目的格のかわりに使える whom があるが、最近では、whom のかわりに that を教えることがふつうになっている法則

〔使い方の例〕

あの少年は私を知っている。	That boy knows me. He（主格）
私を知っているあの少年	that boy who knows me he のかわりに who を使う
あの少年の名前はトニーです。	That boy's name is Tony. His（所有格）
トニーという名前のあの少年	that boy whose name is Tony his のかわりに whose を使う
私はあの少年を知っています。	I know that boy. him（目的格）
私が知っているあの少年	that boy whom I know him のかわりに whom を使う

例題　次の（　　　）に who/whose/whom のどれかを入れてください。

（1）That boy likes me.
　　that boy (　　　　) likes me

（2）that boy's father is a teacher
　　that boy (　　　　) father is a teacher

（3）I like that girl.
　　that girl (　　　　) I like

関係代名詞は、人称代名詞の（　　　　）のかわりに使える（　　　　）、（　　　　）のかわりに使える（　　　　）、（　　　　）のかわりに使える（　　　　）があるが、最近では whom のかわりに（　　　　）を教えることがふつうになっている法則

〔使い方の例〕

あの少年は私を知っている。	That boy knows me.
	He（　　）
私を知っているあの少年	that boy（　　）knows me
	he のかわりに（　　）を使う
あの少年の名前はトニーです。	That boy's name is Tony.
	His（　　）
トニーという名前のあの少年	that boy（　　　　）name is Tony
	his のかわりに（　　　　）を使う
私はあの少年を知っています。	I know that boy.
	him（　　）
私が知っているあの少年	that boy（　　）I know
	him のかわりに（　　　　）を使う

解 答

（１）That boy likes me.
　　that boy (who) likes me

（２）that boy's father is a teacher
　　that boy (whose) father is a teacher

（３）I like that girl.
　　that girl (whom) I like

that boy のように、who、whose、whom の前にある名詞のはたらきをする語句のことを、文法用語で先行詞と言う。そして、that boy の次の who、whose、whom を見たら、どんな少年かなと思って、〜のあの少年のような名詞のはたらきをするかたまりにすればよい法則

例題1　次の英語を日本語に訳してください。

（1）that boy who knows me

____

（2）that boy whose name is Tony

____

（3）that boy whom I know

____

〈だれが〉という疑問が生まれたら、who、〈だれの〉という疑問が生まれたら、whose を使って同じ意味のかたまりにすることができる法則

例題2　次の英語の下線をまず訳して、（　　　）に入れてください。
次に、どのような疑問が生まれるかを〈　　　〉に入れてください。
そして、最後に that boy に続けて〔　　　〕に完全な英語を書いてください。

That boy has dark hair.

（　　　　　）〈　　　　　〉

that boy〔　　　　　　　　〕

That boy's hair is dark.

（　　　　　）〈　　　　　〉

that boy〔　　　　　　　　〕

that boy のように、who、whose、whom の前にある名詞のはたらきをする語句のことを、文法用語で（　　　　）と言う。そして、that boy の次の（　　　　）、（　　　　）、（　　　　）を見たら、（　　　　）と思って、～のあの少年のような（　　　　）のはたらきをする（　　　　）にすればよい法則

解 答 例題1

（1）that boy who knows me
私を知っているあの少年

（2）that boy whose name is Tony
トニーという名前のあの少年

（3）that boy whom I know
私が知っているあの少年

〈だれが〉という疑問が生まれたら、（　　　　）、〈だれの〉という疑問が生まれたら、（　　　　）を使って同じ意味のかたまりにすることができる法則

解 答 例題2

That boy has dark hair.
（黒い髪をしている）〈だれが〉
that boy 〔who has dark hair〕

That boy's hair is dark.
（の髪は黒い）〈だれの〉
that boy 〔whose hair is dark〕

はじめから＿線＿から＿線＿へ　右・左　の法則

この公式の使い方を説明します。

まず、左の英語の名詞のはたらきをするかたまりと、英語の代名詞に下線を引きます。名前や私の父のようにはっきりしているものには、下線を引かないでください。

(ホップ)

		〔左の文〕	〔右の文〕
(1)	I know	that boy.	He is running there.
	はじめから	線	線　右の文
(2)	I know	that boy.	His name is Tony.
	はじめから	線	線　右の文
(3)	That girl	is Naomi.	I know　her.
	はじめから線	左の文	右の文　線

(ステップ)

〔はじめから＿線＿から＿線＿へ　右・左　の法則〕

この法則の通りに並べます。

(1)と(2)は〔ホップ〕の英文のままです。

(3)を法則の通りに並べます。

(3)	That girl	her	I know	is Naomi.
	はじめから線	線	右の文	左の文

her の部分が目的格なので whom、her を whom にかえる。

(ジャンプ)

〔こたえ〕That girl whom I know is Naomi.

（　　　）から（＿＿＿＿）から（＿＿＿＿）へ（　　　）・（　　　）の法則

この公式の使い方を説明します。

まず、左の英語の（　　　）のはたらきをするかたまりと、英語の（　　　）に（　　　）を引きます。（　　　）や私の父のように（　　　）ものには、（　　　）を引かないでください。

（ホップ）

〔左の文〕　〔右の文〕

（1）I know　that boy.　He is running there.
（　　　）（　　　）（　）（　　　）

（2）I know　that boy.　His name is Tony.
（　　　）（　　　）（　）（　　　）

（3）That girl　is Naomi.　I know　her.
（　　　）（　　　）（　　　）（　　）

（ステップ）

〔はじめから（＿＿＿）から（＿＿＿）へ　右・左　の法則〕

この法則の通りに並べます。

（　　　）と（　　　）は〔ホップ〕の英文のままです。

（3）を法則の通りに並べます。

（3）That girl　her　I know　is Naomi.
（　　　）（　　　）（　　　）（　　　）

her の部分が（　　　）なので（　　　）、her を（　　　）にかえる。

（ジャンプ）

〔こたえ〕（　　　　　　　　　　　　　　）.

先行詞が物や動物の場合には、it〔イットゥッ〕(それ) になるときはwhich、its〔イッツッ〕(それの) になるときは whose になる法則

例題 次の下線部の英語が it になるのか its になるのかを (　　　) に書いてから、先行詞の次の (　　　) に which または whose を入れてください。

(1) ① このイヌはとても小さい。　This dog is very small.
(　　　)

②とても小さいこのイヌ　this dog (　) is very small

(2) ① そのイヌの名前はレックスです。The dog's name is Rex.
(　　　)

② レックスという名前のそのイヌ　the dog (　　) name is Rex

(3) ① 私はこのイヌを飼(か)っています。　I have this dog.
(　　　)

② 私が飼(か)っているこのイヌ　this dog (　　　) I have

（　　　　）が（　　　　　）や（　　　　　）の場合には、（　　　　　）
（それ）になるときは（　　　　　）、（　　　　　）（それの）になるときは
（　　　　）になる法則

解答

（1）① このイヌはとても小さい。
This dog is very small.
(it)
② とても小さいこのイヌ
this dog (which) is very small

（2）① そのイヌの名前はレックスです。
The dog's name is Rex.
(Its)
② レックスという名前のそのイヌ
the dog (whose) name is Rex

（3）① 私はこのイヌを飼（か）っています。
I have this dog.
(it)
② 私が飼（か）っているこのイヌ
this dog (which) I have

はじめから＿線＿から＿線＿へ　右・左の法則を使って、it なら which に、its なら whose にかえて 1 つの英文にする法則

(例題 1) 上の法則にしたがって、次の 2 つの英文を 1 つにしてください。

（1）This dog is Rex.　　　I have it.
はじめから線　左の文　　　右の文　線

（2）I have　a dog.　　　Its name is Rex.
はじめから　線　　　線　右の文

（3）I like　this dog.　　　It is very pretty.
はじめから　線　　　線　右の文

this dog の次の which、whose、which を見たら、どんなイヌかなと思って、～のこのイヌのような名詞のはたらきをするかたまりにすればよい法則

(例題 2) 上の法則を使って、(　　　) の中の英語を名詞のはたらきをするかたまりをあらわす日本語にします。それから、＿＿ 適当なにきれいな日本語をおぎなってきれいな日本語にしてください。

（1）(This dog which I have) is Rex.
(　　　　　　　　)＿＿＿＿＿＿＿＿

（2）I have (a dog whose name is Rex).
＿＿＿＿＿＿＿＿(　　　　　　　　)＿＿＿＿＿＿＿＿

（3）I like (this dog which is very pretty).
＿＿＿＿＿＿＿＿(　　　　　　　　)＿＿＿＿＿＿＿＿

（　　　）から線から線へ（　　　）・（　　　）の法則を使って、（　　　）なら（　　　）に、（　　　）なら（　　　）にかえて1つの英文にする法則

解 答 例題1

（1）This dog is Rex.　　I have it.
はじめから線 左の文　　右の文 線
This dog which I have is Rex.

（2）I have a dog.　　Its name is Rex.
はじめから 線　　線 右の文
I have a dog whose name is Rex.

（3）I like this dog.　　It is very pretty.
はじめから 線　　線 右の文
I like this dog which is very pretty.

this dog の次の（　　　）、（　　　）、（　　　）を見たら、（　　　）と思って、（　　　）のような（　　　）のはたらきをする（　　　）にすればよい法則

解 答 例題2

（1）(This dog which I have) is Rex.
（私が飼っているこのイヌ）はレックスです。

（2）I have (a dog whose name is Rex).
私は（レックスという名前のイヌ）を飼っています。

（3）I like (this dog which is very pretty).
私は（とてもかわいいこのイヌ）が好きです。

関係代名詞を使って、日本語を英語に訳すときは、大きい名詞のはたらきをするかたまりの部分に線を引き、説明のところを（カッコ）でくくるとよい法則

〔この法則の使い方の例〕

（ホップ）

（1）私が知っているあの少年はトニーです。

（私が知っている）あの少年はトニーです。

（2）私は英語を話しているあの少年を知っています。

私は（英語を話している）あの少年を知っています。

かたまりの部分を仮（かり）にAとして、残りの日本語を英語にします。そして、Aが入った日本語を英語にするとよい法則

（ステップ）

（1）Aはトニーです。　A is Tony.

（2）私はAを知っています。　I know A.

最後にAの部分を、関係代名詞を使って英文をつくり、あてはめると、完全な英文ができる法則

（ジャンプ）

（1）（私が知っている）あの少年はトニーです。

(That) (boy) (whom) (I) (know) is Tony.

A

（2）私は（英語を話している）あの少年を知っています。

A

I know (that) (boy) (who) (is) (speaking) (English).

A

関係代名詞を使って、日本語を英語に訳すときは、大きい（　　　　）のはたらきをする（　　　　）の部分に（　　　　）を引き、（　　　　）のところを（　　　　）でくくるとよい法則

〔この法則の使い方の例〕

ホップ

（１）私が知っているあの少年はトニーです。

（　　　　　　）＿＿＿＿＿＿はトニーです。

（２）私は英語を話しているあの少年を知っています。

私は（　　　　　　）＿＿＿＿＿＿を知っています。

（　　　　）の部分を仮（かり）に（　　　　）として、残りの日本語を英語にします。そして、（　　　　）が入った（　　　　）を英語にするとよい法則

ステップ

（１）（　　　　）はトニーです。　（　　　）（　　　）（　　　）.

（２）私は（　　　　）を知っています。（　　　）（　　　）（　　　）.

最後に（　　　　）の部分を（　　　　）を使って（　　　　）をつくり、あてはめると、（　　　　）な英文ができる法則

ジャンプ

（１）（私が知っている）あの少年はトニーです。

A

(　　)(　　)(　　　)(　　)(　　　) is Tony.

（２）私は（英語を話している）あの少年を知っています。

A

I know (　　)(　　)(　　)(　)(　　　)(　　　).

A

that boy のような名詞のはたらきをする語句の次に、関係代名詞があれば、どんな少年かなという疑問が生まれて動詞の ing 形（〜している）または過去分詞形（〜された）がきているときは、どんな少年かなという疑問が生まれるので、〜しているまたは〜されたあの少年になる法則

例題 1　次の英語を日本語に直してください。

（1）that boy who is speaking English

____

（2）that boy speaking English

____

（3）that boy who was saved by Tony

〈ヒント〉saved〔セーィヴッドゥッ〕救助された

____

（4）that boy saved by Tony

____

that boy の次に whom があれば、どんな少年かなという疑問が生まれて、that boy の次に I のような単語がきているとどんな少年かなという疑問が生まれる法則

例題 2　次の英語を日本語に訳してください。

that teacher whom I like

____

that teacher I like

____

that boy のような（　　　　）のはたらきをする語句の次に、
（　　　　）があれば、（　　　　　）という疑問が生まれて、
動詞の ing 形（　　　　）または過去分詞形（　　　　）がきている
ときは、（　　　　　）という疑問が生まれるので、
（　　　　　）または（　　　　　）あの少年になる法則

解答 例題1

（1）that boy who is speaking English
英語を話しているあの少年

（2）that boy speaking English
英語を話しているあの少年

（3）that boy who was saved by Tony
トニーさんによって救助されたあの少年

（4）that boy saved by Tony
トニーさんによって救助されたあの少年

that boy の次に（　　　　）があれば、（　　　　　）という疑問
が生まれて、that boy の次に（　　　　）のような単語がきていると
（　　　　　）という疑問が生まれる法則

解答 例題2

that teacher whom I like
私が好きなあの先生

that teacher I like
私が好きなあの先生

（カッコ）に関係代名詞を入れる問題が出たときは、（カッコ）のうしろのほうを日本語に訳して、
〈だれが〉という疑問が生まれたら、who
〈だれの〉という疑問が生まれたら、whose
〈だれを〉または〈だれに〉という疑問が生まれたら、whom　になる。
ただし、最近では、whom を教えなくなってきているので、
〈だれを〉という疑問が生まれたら、that を入れてもよい法則

例題1 次の〔　　　〕をまず日本語に訳して、どんな疑問が生まれるかを考えて（　　　）に関係代名詞を入れてください。

（1）I know that girl (　　　　　) is speaking English.
〔　　　　　　　　　　〕

（2）I know that girl (　　　　　) name is Judy.
〔　　　　　　〕

（3）That girl (　　　　　) I know is Judy.
〔　　　〕

関係代名詞を入れる問題が出たら、先行詞が人間の場合は、（カッコ）の前後を日本語に訳してふつうの文なら who、「の」の文なら whose、文を作るのが無理なら whom を入れます。ただし that でもよい。もし物や動物が先行詞のときは、「の」の文は whose、それ以外は which になる法則

例題2 次の（　　　）に who、whose、whom のうちのどれかを入れてください。whom になるときは、that でも OK です。

（1）that girl (　　　　　) is speaking English

（2）that girl (　　　　　) name is Judy

（3）that girl (　　　　　) I know

（カッコ）に関係代名詞を入れる問題が出たときは、（カッコ）のうしろのほうを日本語に訳して、
〈　　　〉という疑問が生まれたら、（　　　）
〈　　　〉という疑問が生まれたら、（　　　）
〈　　　〉または〈　　　〉という疑問が生まれたら、（　　　）になる。ただし、最近では、whom を教えなくなってきているので、
〈　　　〉という疑問が生まれたら、（　　　）を入れてもよい法則

解 答 例題1

（1）I know that girl (who) is speaking English.
〔英語を話している〕

（2）I know that girl (whose) name is Judy.
〔の名前はジュディーです〕

（3）That girl (whom または that) I know is Judy.
〔私が知っている〕

関係代名詞を入れる問題が出たら、先行詞が人間の場合は、（カッコ）の前後を日本語に訳してふつうの文なら（　　　）、「の」の文なら（　　　）、文を作るのが無理なら（　　　）を入れます。ただし that でもよい。もし物や動物が先行詞のときは、「の」の文は（　　　）、それ以外は（　　　）になる法則

解 答 例題2

（1）that girl (who) is speaking English

（2）that girl (whose) name is Judy

（3）that girl (whom または that) I know

関係代名詞の whose が入っていると省略できない法則
（例）
　whose が省略できない理由は、たとえば that boy whose name is Tony という英文があるとき、whose を消すと that boy name is Tony　となり、文法的にありえない英語になるので、省略することができません。

関係代名詞の前の先行詞と関係代名詞の次の単語が文にならないときは、省略することができる。その理由は、whom や which があってもなくても意味が変わらないからであるという法則

例題 2　次の英語を日本語にしてください。

（1）that boy whom I know

____

（2）that boy I know

____

関係代名詞の who is や which is などを省略したとき、残りの単語が 1 単語の場合は、that〔1 単語〕boy　または that〔1 単語〕dog、2 単語以上の場合は、that boy または that dog〔2 単語以上〕としても、もとの英語と意味が変わらない法則

例題 3　次の英語を、who is　または which is を省略して同じ意味の英語に書きかえた英語を ＿＿＿ に入れてください。そして、〔　　　　〕に日本語訳を入れてください。

（1）that boy who is speaking English

______________________〔　　　　　　　　　　　　　　〕

（2）that boy who is speaking

______________________〔　　　　　　　　　　　　　　〕

関係代名詞の（　　　　）が入っていると省略（　　　　）法則
（例）
　whose が省略できない理由は、たとえば that boy whose name is Tony という英文があるとき、（　　　　）を消すと that boy name is Tony　となり、文法的にありえない英語になるので、（　　）することが（　　　　）。

関係代名詞の前の（　　　　）と関係代名詞の次の単語が（　　　　）にならないときは、省略することができる。その理由は、whom や which があってもなくても意味が変わらないからであるという法則

解 答 例題２

that boy whom I know
　私が知っているあの少年
that boy I know
　私が知っているあの少年

関係代名詞の（　　　　）（　　　　）や（　　　　）（　　　　）などを（　　　　）したとき、残りの単語が（　）単語の場合は、that〔1 単語〕boy または that〔（　　　）〕dog、（　　　　）の場合は、that boy または that dog〔（　　　　）〕としても、もとの英語と意味が変わらない法則

解 答 例題３

（１）that boy who is speaking English
　that boy speaking English〔英語を話しているあの少年〕

（２）that boy who is speaking
　that speaking boy〔あの話している少年〕

theとthatが兄弟関係にあるので、the＋最上級＋名詞、the＋何番目をあらわす単語＋名詞が先行詞になっているときは、who、whom、whichのかわりにthatがよく使われる、と覚えておくとよい法則

（例）

　the＋1人しかいない　または　1つしかないと考えられることばがきているときにwhoやwhichのかわりにthatが使われる。

話しことばでは、who、whom、whichのかわりにthatを使う人が多い法則

例題　次の（　　　）の中にthatが何のかわりに使われているのかを答えてください。下線の引いてある英語の部分を参考にして考えてください。＿＿＿には答えになる関係代名詞を選んだ理由を書いてください。

（1）私が知っているあの先生はとても親切です。

That teacher (　　　　) I know is very kind.

＿＿＿＿＿＿＿＿＿＿＿＿＿＿＿＿＿＿＿＿

（2）私を好きなあの少年はトニーです。

That boy (　　　　) likes me is Tony.

＿＿＿＿＿＿＿＿＿＿＿＿＿＿＿＿＿＿＿＿

（3）これが私が飼っているそのイヌです。

This is the dog (　　　) I have.

＿＿＿＿＿＿＿＿＿＿＿＿＿＿＿＿＿＿＿＿

theと（　　　）が兄弟関係にあるので、the＋（　　　）＋名詞、the＋（　　　）をあらわす単語＋名詞が（　　　）になっているときは、（　　　）、whom、（　　　）のかわりに（　　　）がよく使われると覚えておくとよい法則

（例）
（　）＋（　　　）または（　　　）と考えられることばがきているときにwhoやwhichのかわりに（　　）が使われる。

（　　　）では、（　　　）、（　　　）、（　　　）のかわりに（　　　）を使う人が多い法則

解答

（1）私が知っているあの先生はとても親切です。

That teacher (whom) I know is very kind.

That teacher I となっているので、文を作るのが無理なので、whom または I know（私が知っている）に対して〈だれを〉という疑問が生まれるので、whom

（2）私を好きなあの少年はトニーです。

That boy (who) likes me is Tony.

あの少年は私を好きです。というふつうの文になっているので、who または likes me（私を好きです）〈だれが〉という疑問が生まれるので、who

（3）これが私が飼っているそのイヌです。

This is the dog (which) I have.

I have（私が飼っている）
〈何を〉という疑問が生まれているから、which

練習問題

〔1〕次の英文を、関係代名詞を使って１つにしてから、日本語に訳してください。

（１）I have a cat. ＋ Its name is Kuro. ＝

（２）That teacher is kind. ＋ I like him. ＝

（３）I like that girl. ＋ She likes me. ＝

解 答 と 解 説

（１）I have a cat whose name is Kuro.
私はクロという名前のネコを飼っています。

（２）That teacher (whom[that] I like) is kind.
（私が好きな）あの先生は親切です。

（３）I like that girl (who likes me).
私は（私を好きな）あの少女が好きです。

はじめから　線　から　線　へ　右・左　の法則

（２）（３）は、次の法則でも解けます。

大きい名詞のはたらきをするかたまりがあるとき、かたまりの部分に　線　を引き、説明のところを（ カッコ ）でくくるとよい法則

〔2〕関係代名詞の that はどのようなときによく使われるか答えてください。

解 答 と 解 説

the ＋最上級＋名詞　または　the ＋何番目をあらわす単語＋名詞

the と that が兄弟関係にあるので、the ＋最上級＋名詞、the ＋何番目をあらわす単語＋名詞が先行詞になっているときは、who、whom、which のかわりに that がよく使われると覚えておくとよい法則

〔3〕次の（　　　）に適当な関係代名詞を入れてください。下線のところの英語を日本語に訳してどのような疑問が生まれるかを答えてから、（　　　）に関係代名詞を入れてください。

（1）the boy（　　　　　）hair is black

____

（2）the boy（　　　　　）has dark hair

____

（3）the boy（　　　　　）I met yesterday

____

解答と解説

（1）髪の毛は黒い〈だれの〉という疑問が生まれるので whose

（2）黒い髪の毛をしている〈だれが〉という疑問が生まれるので who

（3）私がきのう出会った〈だれに〉という疑問が生まれるので whom

（カッコ）に関係代名詞を入れる問題が出たときは、〈だれが〉という疑問が生まれたら who、〈だれの〉という疑問が生まれたら whose、〈だれを〉または〈だれに〉という疑問が生まれたら、whom になる法則

〔4〕次の英語から、who is を省略しても意味がかわらないようにしてください。

（1）that boy who is speaking English

____

（2）that boy who is running

____

解答と解説

（1）that boy speaking English　（2）that running boy

関係代名詞の who is, which is などを省略したとき、残りの単語が1単語の場合は、that〔1単語〕boy または that〔1単語〕dog、2単語以上の場合は、that boy または that dog〔2単語以上〕としても、もとの英語と意味がかわらない法則

22 間接疑問文の使い方をマスターしよう

疑問詞のついた疑問文を〔疑問詞＋主語＋動詞〕にすると、1つの名詞のはたらきをするかたまりにかえることができる法則

（例題 1） 次の英文を名詞のはたらきをするかたまりにかえてから、日本語に直してください。

Where does Tony live?（トニーさんはどこに住んでいますか。）

____________________〔　　　　　　　　　　　　　　　〕

「〜が」ではじまる疑問文で、「〜が」の部分に What（何が）、Who（だれが）、のような疑問詞がきていて、現在のことをあらわしているときは、動詞にはかならず s をつける法則

（例題 2） 次の（　　　）に適語を入れてください。

だれがあの家に住んでいますか。

Who (　　　　) in that house?

Who lives here?（だれがここに住んでいますか。）の w を大文字にすると疑問文で、小文字にすると名詞のはたらきをするかたまりになる法則
（例）who lives here（だれがここに住んでいるかということ）

（例題 3） 次の（　　　）に適語を入れてください。

（1）だれがここに住んでいるか（ということを）私に教えてよ。
Tell me (　　　　) (　　　　) (　　　　).

（2）私は何がこの箱の中に入っているのか（ということを）知りません。
I don't know (　　　　) (　　　　) (　　　　) this box.

（3）何がこの箱の中に入っていますか。
(　　　　) (　　　　) (　　　　) this box?

疑問詞のついた疑問文を〔(　　　　)＋(　　　　)＋(　　　　)〕にすると、1つの(　　　　)のはたらきをする(　　　　)にかえることができる法則

解 答 例題1

Where does Tony live? (トニーさんはどこに住んでいますか。)
where Tony lives〔トニーさんがどこに住んでいるかということ〕

「～が」ではじまる疑問文で、「(　　　　)」の部分に(　　　　)(何が)、(　　　　)(だれが)、のような(　　　　)がきていて、(　　　　)のことをあらわしているときは、(　　　　)にはかならず(　　　　)をつける法則

解 答 例題2

だれがあの家に住んでいますか。
Who (lives) in that house?

Who lives here? (だれがここに住んでいますか。)の(　　　　)を(　　　　)にすると(　　　　)で、(　　　　)にすると(　　　　)のはたらきをする(　　　　)になる法則
(例) who lives here (だれがここに住んでいるということ)

解 答 例題3

だれがここに住んでいるか(ということを)私に教えてよ。
Tell me (who) (lives) (here).
私は何がこの箱の中に入っているのか(ということを)知りません。
I don't know (what) (is) (in) this box.
何がこの箱の中に入っていますか。
(What) (is) (in) this box?

練習問題

〔1〕次の２つの英文をくっつけて１つにしてください。

（１）私は酒井さんが何の仕事をしているのか知りません。
I don't know + What does Ms. Sakai do?

＿＿＿＿＿＿＿＿＿＿＿＿＿＿＿＿＿＿＿＿

（２）あなたは何がこの箱の中に入っているか知りたいですか。
Do you want to know + What is in this box?

＿＿＿＿＿＿＿＿＿＿＿＿＿＿＿＿＿＿＿＿

解答と解説

（１）I don't know what Ms. Sakai does.

（２）Do you want to know what is in this box?

（１）は、

疑問詞のついた疑問文を「疑問詞＋主語＋動詞」にすると、１つの名詞のはたらきをするかたまりにかえることができる法則

（２）は、

Who lives here?（だれがここに住んでいますか。）の w を大文字にすると疑問文で、小文字にすると名詞のはたらきをするかたまりになる法則

を使うと解けます。

〔2〕次の日本語を英語にしてください。

（１）だれがあなたを好きですか。

＿＿＿＿＿＿＿＿＿＿＿＿＿＿＿＿＿＿＿＿

（２）私はだれがあなたを好きか（ということを）知っています。

＿＿＿＿＿＿＿＿＿＿＿＿＿＿＿＿＿＿＿＿

解答と解説

（1）Who likes you?

（2）I know who likes you.

（1）と（2）は、

Who lives here?（だれがここに住んでいますか。）の w を大文字にすると疑問文で、小文字にすると名詞のはたらきをするかたまりになる法則

を使うと解けます。

ここが大切

私にあなたの住所を教えてください。
私に教えてください〈だれに〉私に〈何を〉あなたの住所
Please tell me your address.
〈何を〉という疑問が生まれたら、必ず名詞がきます。
your address（あなたの住所）のかわりに where you live

（あなたがどこに住んでいるかということ）を置きかえることもできます。
つまり、where you live は、名詞のはたらきをするかたまりだからです。
英語では、同じ種類のことばであれば置きかえができるということです。

直美さんに彼女の住所をたずねてよ。
たずねてよ〈だれに〉直美さんに〈何を〉彼女の住所
Ask Naomi her address.
直美さんに彼女がどこに住んでいるのかたずねてよ。
Ask Naomi where she lives.

23 仮定法の使い方を理解しよう

可能性があって、条件がそろえばできる場合は、条件をあらわす接続詞の if になる。注意すべきことは、1 つの英文の中に主語と動詞が 2 つあるときは、一番言いたいことをあらわしているときのみ will を入れて、おまけのはたらきで情報をつけ加えただけの英文には will を入れずに現在形を使う法則

（例題 1） 次の英文の中で、おまけのはたらきをしているところを、見極(みきわ)めて、will を消して、現在形にして正しい英文に直してください。

もしあす雨が降(ふ)れば、私は家にいますよ。

（1）I will stay home if it will rain tomorrow.

____

（2）If it will rain tomorrow, I will stay home.

____

仮定法で使われる if は、不可能であることがわかっているときに使う。注意すべきことは、仮定法で使う if の場合は〔If ＋主語＋動詞〕の動詞の部分を過去形であらわす法則

（例題 2） 次の（　　　）に適語を入れてください。

（1）もし私が車をもっていたら、私の車で東京へ行けるのになあ。
If I (　　　　) a car, I could drive to Tokyo.

（2）もし私が熱心に勉強したら、私はそのテストに受かるでしょう。
If I (　　　　) hard, I would pass the test.

（　　　）があって、（　　　）がそろえばできる場合は、（　　　）をあらわす（　　　）の if になる。注意すべきことは、1つの英文の中に主語と動詞が（　　　）あるときは、（　　　）ことをあらわしているときのみ（　　　）を入れて、おまけのはたらきで情報を（　　　）ただけの英文には（　　　）を入れずに（　　　）を使う法則

解答 例題1

もしあす雨が降れば、私は家にいますよ。

（1）I will stay home if it will rain tomorrow.
I will stay home if it rains tomorrow.

（2）If it will rain tomorrow, I will stay home.
If it rains tomorrow, I will stay home.

（　　　）で使われる if は、（　　　）であることがわかっているときに使う。注意すべきことは、（　　　）で使う if の場合は、〔If＋主語＋（　　　）〕の（　　　）の部分を（　　　）であらわす法則

解答 例題2

（1）もし私が車をもっていたら、私は車で東京へ行けるのになあ。
If I (had) a car, I could drive to Tokyo.

（2）もし私が熱心に勉強したら、私はそのテストに受かるでしょう。
If I (studied) hard, I would pass the test.

一番言いたいことをあらわしている主語＋動詞のところの動詞の前に、could（～することができるかもしれない）、would（～するでしょう）を入れる法則

(例題 1) 次の（　　　）に適語を入れてください。

（1）もし私が車をもっていたら、私は車で東京へ行けるのになあ。
If I (　　　　) a car, I (　　　　) go to Tokyo by car.

（2）もし私があなたのように熱心に勉強したら、私はそのテストに受かるでしょう。
If I (　　　　) hard like you, I (　　　　) pass the test.

可能性がない、または低い場合は、気持ちが過去のこと、言いかえると遠い昔のことのように感じるから動詞　または　助動詞の過去形を使う法則

(例題 2) 動詞の過去形　または　助動詞の過去形を使うのはどのようなときか答えてください。

____

日本語では、「た」を使って動詞の過去形を無意識に使うことがあるのと同じで、英語でも過去形を使っている法則

(例題 3) 次の（　　　）に適語を入れてください。

（1）もし私が車をもっていたら、私はそこへ行けるのになあ。
If I (　　　　) a car, I (　　　　) go there.

（2）その窓を開けていただけますか。
(　　　　) you open the window?

（　　　）言いたいことをあらわしているところの（　　　）＋（　　　）のところの動詞の（　　　）に、（　　　）（～することができるかもしれない）、（　　　）（～するでしょう）を入れる法則

解答 例題1

（1）もし私が車をもっていたら、私は車で東京へ行けるのになあ。
If I (had) a car, I (could) go to Tokyo by car.

（2）もし私があなたのように熱心に勉強したら、私はそのテストに受かるでしょう。
If I (studied) hard like you, I (would) pass the test.

（　　　）がない、または（　　　）場合は、気持ちが過去のこと、言いかえると（　　　）のことのように感じるから（　　　）または（　　　）の（　　　）を使う法則

解答 例題2

可能性がない、 または 低い場合に動詞の過去形を使います。

日本語では、（「　　　」）を使って、動詞の（　　　）を無意識に使うことがあるのと（　　　）で、英語でも（　　　）使っている法則

解答 例題3

（1）もし私が車をもっていたら、私はそこへ行けるのになあ。
If I (had) a car, I (could) go there.

（2）その窓を開けていただけますか。
(Would または Could) you open the window?

学校英文法では、仮定法とただの過去のことをあらわす過去形とを区別するために、仮定法ではI wasのかわりにI wereを使うと教えていますが、アメリカ英語では、I amのときはI was、Tony isのときはTony was、I wereやTony wereのかわりに仮定法でもwasを使うことが多い法則

(例題1) 次の(　　　)に適語を入れてください。

もし私が鳥だったら、私は東京へ飛んで行くのになあ。

〔学校英文法〕 If I (　　　　) a bird, I (　　　　) fly to Tokyo.

〔アメリカ英語〕 If I (　　　　) a bird, I (　　　　) fly to Tokyo.

その人にとって、可能なことは、could
不可能なことはwouldを使う法則

(例題2) 次の(　　　)に適語を入れてください。

(1)〔今お金をもっていない場合〕

もし私が十分なお金をもっていたら、私は君にダイヤのリングを買ってあげられるのになあ。

If I (　　　) enough money, I (　　　) buy you a diamond ring.

〔どこにもお金をもっていない場合〕

もし私が十分なお金をもっていたら、私は君にダイヤのリングを買ってあげるのになあ。

If I (　　　) enough money, I (　　　) buy you a diamond ring.

(2)〔今、車がない場合〕

もし私が車をもっていたら、私は車で東京へ行けるのになあ。

If I (　　　　) a car, I (　　　　) go to Tokyo by car.

もし私が車をもっていたら、私は東京に行けるのになあ。

〔車の免許(めんきょ)をもっていない場合〕

If I (　　　　) a car, I (　　　　) go to Tokyo by car.

学校英文法では、(　　　　)とただの(　　　　)のことをあらわす(　　　　)とを区別するために、仮定法では I(　　　)のかわりに I were を使うと教えていますが、アメリカ英語では、I am のときは I was、Tony is のときは Tony was、I were や Tony were のかわりに仮定法でも(　　　)を使うことが多い法則

解 答 例題1

もし私が鳥だったら、私は東京へ飛んで行くのになあ。

〔学校英文法〕 If I (were) a bird, I (would) fly to Tokyo.

〔アメリカ英語〕If I (was) a bird, I (would) fly to Tokyo.

その人にとって、可能なことは、(　　　)、
不可能なことは(　　　)を使う法則

解 答 例題2

(1)〔今お金をもっていない場合〕

もし私が十分なお金をもっていたら、私は君にダイヤのリングを買ってあげられるのになあ。

If I (had) enough money, I (could) buy you a diamond ring.

〔どこにもお金をもっていない場合〕

もし私が十分なお金をもっていたら、私は君にダイヤのリングを買ってあげるのになあ。

If I (had) enough money, I (would) buy you a diamond ring.

(2)〔今車がない場合〕

もし私が車をもっていたら、私は車で東京へ行けるのになあ。

If I (had) a car, I (could) go to Tokyo by car.

〔車の免許(めんきょ)をもっていない場合〕

もし私が車をもっていたら、私は東京へ行くのになあ。

If I (had) a car, I (would) go to Tokyo by car.

Since、As（〜なので）、so（だから）を使えば、If からはじまる仮定法を利用した英文と同じ意味をあらわすことができる。ただしアメリカ英語では、Since をよく使い、As はほとんど使わない法則

例題 1

（1）もし私が 1,000 円をもっていたら、私はこの本が買えるのになあ。
If I (　　　　) one thousand yen, I (　　　　) buy this book.

（2）私は 1,000 円をもっていないので、私はこの本が買えません。
(　　　　)〔(　　　　)〕I don't have one thousand yen, I (　　　　) buy this book.

「私は〜だったらよいのになあ。」、「私が〜できたらよいのになあ。」を〔I wish I ＋ be 動詞の過去形〕、〔I wish I could ＋動詞の原形〕であらわすことができる法則

例題 2

（1）私がアメリカ人だったらよいのになあ。
I (　　　　) I (　　　　) American.

（2）英語が話せたらよいのになあ。
I (　　　　) I (　　　　) speak English.

雨がやんだらよいのになあ。I wish it would stop raining. のように近い未来に使われる過去形の would を使うことができる法則

例題 3　次の（　　　　）に適語を入れてください。

太陽が出たらよいのになあ。
I (　　　　) the sun (　　　　) come out.

(　　　)、(　　　)(〜なので)、(　　　)(だから)を使えば、(　　　)からはじまる仮定法を利用した英文と同じ意味をあらわすことができる。ただしアメリカ英語では、(　　　)をよく使い、As はほとんど使わない法則

解答 例題1

(1) もし私が 1,000 円をもっていたら、私はこの本が買えるのになあ。
If I (had) one thousand yen, I (could) buy this book.

(2) 私は 1,000 円をもっていないので、私はこの本が買えません。
(Since)〔(As)〕I don't have one thousand yen, I (can't) buy this book.

「私は〜(　　　)。」、「私が〜(　　　)。」を〔I wish I＋(　　　)の過去形〕、〔I wish I (　　　)＋(　　　)の原形〕. であらわすことができる法則

解答 例題2

(1) 私がアメリカ人だったらよいのになあ。
I (wish) I (were) American.

(2) 英語が話せたらよいのになあ。
I (wish) I (could) speak English.

雨がやんだらよいのになあ。(　　　)(　　　) it (　　　) stop raining. のように近い未来に使 われる過去形の(　　　)を使うことができる法則

解答 例題3

太陽が出たらよいのになあ。
I (wish) the sun (would) come out.

「残念だけど、私は～ではありません。」を I'm sorry (that) I am not ～.「残念だけど、私は～できません。」を I'm sorry (that) I can't ～. であらわせる法則

(例題 1) 次の英文と同じ意味になるように書きかえてください。

（1）I wish I were American.

＿＿＿＿＿＿＿＿＿＿＿＿＿＿＿＿＿＿＿＿＿＿＿＿＿＿

（2）I wish I could speak English.

＿＿＿＿＿＿＿＿＿＿＿＿＿＿＿＿＿＿＿＿＿＿＿＿＿＿

仮定法では、可能性がないとき、 または 低いときに、動詞や助動詞の過去形を使うことがある法則

(例題 2) 次の（　　　）に適語を入れてください。

（1）これは私のかばんでしょう。

This (　　　) be my bag.

（2）（もしかしたら）これは私のかばんでしょう。

This (　　　) be my bag.

仮定法では、過去形の助動詞を使って、えんりょした言い方 または ていねいな言い方にすることができる。日本語と英語がよくにている点は、日本語でも、「た」を使うときは、えんりょした言い方になる法則

(例題 3) 次の（　　　）に適語を入れてください。

（1）その窓を開けてくれますか。

(　　　) または (　　　) you open the window?

（2）その窓を開けていただけますか。

(　　　) または (　　　) you open the window?

「残念だけど、私は～ではありません。」を I'm（　　　）（that）I（　　　）（　　　）～．「残念だけど、私は～できません。」を I'm（　　　）（that）I（　　　）～．であらわせる法則

解答 例題1

（1）I wish I were American.

I'm sorry (that) I am not American.

（2）I wish I could speak English.

I'm sorry (that) I can't speak English.

仮定法では、可能性がないとき、または（　　）ときに、（　　）や（　　）の（　　）を使うことがある法則

解答 例題2

（1）これは私のかばんでしょう。
This (will) be my bag.

（2）（もしかしたら）これは私のかばんでしょう。
This (would) be my bag.

仮定法では、（　　）の（　　）を使って、（　　　）言い方または（　　　）言い方にすることができる。日本語と英語がよくにている点は、日本語でも、「（　）」を使うときは、（　　　）言い方になる法則

解答 例題3

（1）その窓を開けてくれますか。
(Will) または (Can) you open the window?

（2）その窓を開けていただけますか。
(Would) または (Could) you open the window?

練習問題

〔1〕次の英文のどこかにまちがいがあります。正しい英文に直してください。

（1）もしあす雨が降れば、私は家にいますよ。

If it will rain tomorrow, I will stay home.

____

（2）もし私が 1,000 円をもっていたら、私はこの本が買えるのになあ。

If I have 1,000 yen, I can buy this book.

____

解答と解説

（1）If it rains tomorrow, I will stay home.

（2）If I had 1,000 yen, I could buy this book.

（1）は

> 可能性があって、条件がそろえばできる場合は、条件をあらわす接続詞の if になる。注意すべきことは、1 つの英文の中に主語と動詞が 2 つあるときは、一番言いたいことをあらわしているときのみ will を入れて、おまけのはたらきで情報をつけ加えただけの英文には will を入れずに現在形を使う法則

（2）は、次の法則を使うと解けます。

> 仮定法で使われる if は、不可能であることがわかっているときに使う。注意すべきことは、仮定法で使う if の場合は〔If ＋主語＋動詞〕の動詞の部分を過去形であらわす法則

〔2〕次の（　　　）に適語を入れてください。

（1）その窓を開けてくれますか。

(　　　　) you open the window?

（2）その窓を開けていただけますか。

(　　　　) you open the window?

解答と解説

(1) Will [Can]　(2) Would [Could]

仮定法では、過去の助動詞を使って、えんりょした言い方またはていねいな言い方にすることができる。日本語と英語がよくにている点は、日本語でも、「た」を使うときは、えんりょした言い方になる法則

を使うと解けます。

〔3〕次の(　　　)に適語を入れてください。

(1) 英語が話せたらよいのになあ。

I (　　　) I (　　　) speak English.

(2) 残念だけど、私は英語が話せません。

I (　　　) (　　　) (that) I (　　　) speak English.

(3) 私がアメリカ人だったらよいのになあ。

I (　　　) I (　　　) American.

(4) 残念だけど、私はアメリカ人ではない。

I (　　　) (　　　) (that) I am not American.

解答と解説

(1) wish/could

(2) am sorry/can't

(3) wish/were [was]

(4) am sorry

(1)と(3)は、

「私は〜だったらよいのになあ。」、「私が〜できたらよいのになあ。」を〔I wish I + be 動詞の過去形〕、〔I wish I could +動詞の原形〕であらわすことができる法則

（2）と（4）は、

残念だけど、私は〜ではありません。」を〔I'm sorry (that) I am not 〜.〕、「残念だけど、私は〜できません。」を〔I'm sorry (that) I can't 〜.〕であらわせる法則

一番言いたいことをあらわしている主語＋動詞のところの動詞の前に、could（〜することができるかもしれない）、would（〜するでしょう）を入れる法則

を使うと解けます。

〔4〕ほとんど同じ意味をあらわせるように次の（　　　）に適語を入れてください。

（1）もし私が 1,000 円をもっていたら、私はこの本が買えるのになあ。
(　　　) I (　　　) 1,000 yen, I (　　　) buy this book.

（2）私は 1,000 円をもっていないので、私はこの本を買えません。
(　　　) I (　　　) have 1,000 yen, I (　　　) buy this book.

（3）私は 1,000 円をもっていません。だから、私はこの本を買えません。
I (　　　) have 1,000 yen, (　　　) I (　　　) buy this book.

解答と解説

（1）If/had/could

（2）Since または As/don't/can't

（3）don't/so/can't

（1）は、

仮定法で使われる if は、不可能であることがわかっているときに使う。注意すべきことは、仮定法で使う if の場合は、If ＋主語＋動詞の動詞の部分を過去形であらわす法則

（2）と（3）は、

Since, As（〜なので）、so（だから）を使えば、If からはじまる仮定法を利用した英文と同じ意味をあらわすことができる。ただしアメリカ英語では Since をよく使い、As はほとんど使わない法則

を使うと解けます。

〔5〕次の（　　　）に適語を入れてください。

（1）これは私のかばんでしょう。　This (　　　　) be my bag.

（2）（もしかしたら）これは私のかばんでしょう。

This (　　　　) be my bag.

解答と解説

（1）will　（2）would

仮定法では、可能性がないとき、　または　低いときに、動詞や助動詞の過去形を使うことがある法則

を使うと解けます。

これだけは覚えましょう

〈便利な表現〉

できればよいが、私はできません。

I wish I could, but I can't.

〈仮定法を強調したいときに使う how〉

英語が話せたらよいのになあ。

I wish I could speak English like you.

あなたのように英語が本当に話せたらよいのになあ！

How I wish I could speak English like you!

著者紹介

長沢 寿夫（ながさわ・としお）

1980年 ブックスおがた書店のすすめで、川西、池田、伊丹地区の家庭教師をはじめる。
1981年～1984年 教え方の研究のために、塾・英会話学院・個人教授などで約30人の先生について英語を習う。その結果、やはり自分で教え方を開発しなければならないと思い、長沢式の勉強方法を考え出す。
1986年 旺文社『ハイトップ英和辞典』の執筆・校正の協力の依頼を受ける。
1992年 旺文社『ハイトップ和英辞典』の執筆・校正のほとんどを手がける。
［主な著書］『中学校3年分の英語が教えられるほどよくわかる』『とことんわかりやすく解説した中学3年分の英語』（ベレ出版）『中学・高校6年分の英語が10日間で身につく本』（明日香出版社）

◉── カバーデザイン　OAK 小野 光一
◉── DTP・本文図版　WAVE 清水 康広
◉── 本文イラスト　Kip
◉── 校正　丸橋 一広／林 千根
◉── 協力　和田 薫／池上 悟朗／長沢 徳尚／西良 元雄
浅原 律明／後藤ひとみ／諸岡敬太／波部和良／稲川良子

ワークシート版(ばん)
中学校(ちゅうがっこう)3年分(ねんぶん)の英語(えいご)が教(おし)えられるほどよくわかる

2021年 6月 25日　初版発行

著者	**長沢 寿夫**（ながさわ としお）
発行者	内田 真介
発行・発売	ベレ出版 〒162-0832　東京都新宿区岩戸町12 レベッカビル TEL.03-5225-4790　FAX.03-5225-4795 ホームページ　https://www.beret.co.jp/
印刷	モリモト印刷株式会社
製本	根本製本株式会社

ISBN 978-4-86064-661-5 C2082　編集担当　綿引ゆか